ERWIN RINGEL

FÜRCHTE DEN ANDEREN WIE DICH SELBST

Gegensätze überwinden

Dokumente · Berichte · Analysen 4

Herausgegeben von Franz Richard Reiter

ERWIN RINGEL

Fürchte den anderen wie dich selbst

Gegensätze überwinden

Herausgegeben
von
Franz Richard Reiter

EPHELANT VERLAG

Satz: Quick Print, Groß-Enzersdorf
Druck: Novographik, Wien
ISBN 3-900766-04-5

Die wirkliche Literatur ist nicht die, welche dem Leser schmeichelt, ihn in seinen Vorurteilen und Gewißheiten bestätigt, sondern die, die ihn bedrängt, ihn in Schwierigkeiten bringt und ihn zwingt, seine Welt und seine Selbstsicherheit zu überdenken.

Claudio Magris

Inhalt

Auch Kinder sind Bürger 9

Abel, wo ist dein Bruder Kain 35

Eine (leider) nicht gehaltene Rede des Kärntner Landeshauptmannes 55

Christentum und Antisemitismus sind unvereinbar 73

Alles verstehen, heißt nicht, alles verzeihen Knut Hamsun – die Tragödie der „emotionalen Dummheit" 97

Freud und Adler – ein unüberbrückbarer Gegensatz? 141

Drill oder befreiende Bewegung 165

Sterben ist Teil des Lebens 181

Auch Kinder sind Bürger

Wenn ein Kind geboren wird, sagt man gern: „Es kommt ein neuer Erdenbürger zur Welt!“ Aber es ist traurig, daß das sehr oft nur eine Phrase, ein Wort ohne Inhalt ist! Wir achten die Bürgerrechte leider nur der erwachsenen Bürger, dem jungen Erdenbürger werden sie größtenteils verwehrt. Das mag damit zusammenhängen, daß, erstens, die Kinder kein Wahlrecht haben und sie deshalb für viele sozusagen uninteressant sind. Es mag, zweitens, damit zusammenhängen, daß wir über das Jahr 1918 und über das Jahr 1945 hinaus die autoritären Strukturen nicht genügend abgebaut haben. Wir stehen noch immer unter dem Druck der Hierarchien, und das Kind rangiert in dieser Skala zu unterst. Wir sind eine Radfahrernation. Wir lernen sehr bald, vor wem wir zu buckeln haben und wen wir treten dürfen. Das entspricht der Hackordnung des Hühnerhofes und ist auch so einzuschätzen, nämlich als lächerlich, dem Menschen nicht gemäß, und so kommt das Kind unter die Räder.

Wenn ich heute darüber spreche, was ich menschlich und psychologisch unter der Wahrung der Bürgerrechte des Kindes verstehe, will ich gleich am Anfang um Entschuldigung bitten, daß ich nicht vollständig sein kann. Denn wenn ich die Bürgerrechte des Kindes restlos erfassen möchte, dann bräuchten wir ein ganzes Buch, so unbegrenzt scheinen sie mir zu sein, und so wichtig wäre dies alles.

Ich beginne im Negativen, also mit jenen Dingen, welche das Kind zerstören oder, um es anders auszudrücken, welche seine Würde vernichten. Als erster Mahner muß hier Hans Czermak genannt werden, der im vorigen Jahre verstorben ist. Er war ein unbeschreiblicher Kinderfreund, der sich sein Leben lang für die Gleichberechtigung des Kindes eingesetzt hat und zum Prediger für die gewaltlose Erziehung wurde. Die körperliche Gewalt gegenüber Kindern ist meiner Überzeugung nach ein schweres Vergehen. Die Formulierung „gesunde Watschn" ist ein glatte Lüge! Die Watschn reduziert das Kind in seiner Würde, stellt eine schwere Demütigung dar, die oft ein ganzes Leben lang nicht vergessen wird. Mein lieber Freund Friedrich Heer erzählte einmal folgende Geschichte:

„Ein Spaziergang: Das Kind erinnert sich bis heute an diesen einen Spaziergang. Es zog aus, um einem Onkel und einer Tante eine Freude zu machen. Dieser Onkel und diese Tante waren, wie so oft auch heute noch in Kinderkreisen, keine richtigen Onkel und Tanten, sondern eben Freunde der Familie. Onkel und Tante hatten ihr Sommerfrischedomizil in einer hochragenden Villa jenseits des Flusses, da war nur die Eisenbahn zu überqueren. Onkel und Tante hatten den Knaben herzlich begrüßt und herzlich verabschiedet, er möge bald heimkehren so allein, die Mutter würde vielleicht Angst haben, Angst um ihn, das Kind. Das Kind läuft daher, so rasch es kann, nach Hause. Es erwartet, lieb aufgenommen zu werden. Die Mutter aber stürzt sich auf das Kind, ihre große Angst – Was ist ihm geschehen? – entlädt sich in Schlägen. Die Frau besitzt nur dieses eine Kind. Ihre Liebe, ihre Angst um das Kind ist grenzenlos. Es sind unsichere Zeiten, werden nicht, wie Nachrichten in Zeitungen vermelden, Kinder gestohlen, von Zigeunern, von fahrendem Volk, von lichtscheuem Gesindel? Und Mord und Totschlag sind an der Tagesordnung. Verwilderte Soldaten streunen umher, offenes, ungeschütztes Land, 1921. Nach den Schlägen, nach dem Hagel der Vorwürfe sitzt das Kind auf dem Balkon in der heißen Sonne. Eine Welt ist zusammengebrochen. Der Glaube an die Gerechtigkeit. Es stimmt alles nicht in der Welt. Nichts stimmt. Das

Kind sieht dumpf den Staub an, Hitze brütet über dem Balkon und legt sich schwer auf das Kind. Das Kind sieht den Tod. Alles ist aus. Es gibt nichts, was stimmt. Alles ist böse. Die Mutter ist böse. Es gibt keinen Gott, keinen gerechten Gott. Das Kind sieht direkt in die Sonne, bis es voll von Schmerz, auch physischem Schmerz die Augen abwenden muß. Das Kind sieht in die Rillen, in den Staub, kratzt mit dem Zeigefinger an den harten Brettern. In allem ist der Tod, die Vernichtung. Gelähmt starrt das Kind vor sich hin."

Wir haben hier die Darstellung eines Menschen, der durch Schläge in seiner Weltsicherheit, in seinem Gefühl des Vertrauens, des Glaubenkönnens zutiefst verstört wurde. Ich möchte dazu zwei Bemerkungen machen, wobei ich an Hans Czermak denke. Ich durfte ihn noch zuletzt in einem Interview im Radio erleben. Er wurde gefragt: „Herr Professor, sagen Sie ehrlich, haben Sie Ihre Kinder nie geschlagen?" Es trat Stille ein und mühsam, aber doch sagte Czermak tapfer: „Ja, ich habe zweimal mein Kind geschlagen, und ich bedaure es heute noch auf das Tiefste."

Wir alle, ohne Ausnahme, sind nicht unfehlbar. Wir alle sind schwache Menschen. Wir alle unterliegen Stimmungen, und man weiß nicht, was in einer solchen Stimmung geschehen kann. Entscheidend ist daher nicht, ob wir jemals ein Kind geschlagen haben, sondern entscheidend ist, ob wir, wenn wir es getan haben, es bedauern, es bereuen und es so bereuen, daß das Kind es sieht.

Ich möchte in diesem Zusammenhang noch etwas den sogenannten Perfektionisten sagen. Eltern, die sich bemühen, perfekte Eltern zu sein, versuchen etwas Unmögliches, weil eben niemand perfekt ist. Sie schaden aber auch dem Kind, denn nichts ist so gefährlich für das Kind wie Eltern, die keine Fehler haben. Durch fehlerlose Eltern fühlt sich das Kind so bedrückt, weil so klein, weil so armselig in seiner Fehlerhaftigkeit und in seiner Unfähigkeit, auch so zu werden, daß es dann ein gehemmtes Kind wird, welches gegenüber dem Vater oder der Mutter Schuldgefühle entwickelt, weil es nicht so perfekt ist. Und solche Schuldgefühle sind drückend und daher sind sie schlecht, weil wir ja alles tun sollen, damit unser Kind glücklich und fröhlich ist.

Der zweite Punkt, über den ich sprechen will, ist die psychische Gewalt durch das Wort. In den alten Psalmen steht: „Leben und Tod sind in der Zunge Gewalt." Wir verstehen dieses Wort sehr gut. Denn im bürgerlichen Leben überlegen wir in der Regel ja, was wir sagen, und bemühen uns, so zu sprechen, daß die Würde des anderen nicht angetastet wird. Leider Gottes ist das gegenüber Kindern nicht der Fall. Man schätzt die Kinder nicht als ernst zu nehmende Partner ein und erlaubt sich daher ihnen gegenüber oft Sätze, die man nicht sagen dürfte.

Ich berichte Ihnen aus meiner näheren Bekanntschaft: Es handelt sich um eine Mutter und ihr zweieinhalb Jahre altes Mädchen. Diese Dame ist an und für sich großartig zu ihrem Kind. Als das Mädchen eines Tages furchtbar lärmt und lästig ist, sagt die Mutter plötzlich: „Jetzt hör doch endlich auf! Ich halt' das nicht mehr aus! Wenn du das fortsetzt, dann spring' ich zum Fenster hinaus." – Ein Satz, der grundlegend falsch ist, weil wir bei vielen Kindern, die schon in relativ frühem Alter eine Selbstmordtendenz entwickeln, sehen, daß sie damit ihre Eltern nachahmen, die in ihrer Unruhe mitunter gedankenlos vom Selbstmord sprechen und „zum Fenster hinausspringen" ist natürlich so eine Andeutung. Aber weil das bei „meiner" Bekannten ganz und gar nicht so ist, befällt sie schon im nächsten Moment Schrekken über das, was sie da gesagt hat und was sie in Wirklichkeit nicht im Sinn hatte. Also nimmt sie das

Kind und erklärt: „ Bitte, sei mir nicht böse, ich hab' es nicht so gemeint! Glaube mir, ich spring' nicht zum Fenster hinaus!" Darauf sagt das zweieinhalbjährige Kind: „ Ich bin dir nicht böse, und ich hab' dich sehr lieb."

Daß „solche Worte" auch oft sehr schlimme Wirkung zeitigen können, möchte ich mit einer kurzen Sentenz aus einem der frühen Romane von Thomas Bernhard belegen, in dem er schon durch den Titel „Die Ursache" klarstellt, daß er damit die Gründe seiner Neurotisierung beschreibt. Thomas Bernhard war Zeit seines Lebens ein ebenso schwerer wie begnadeter Neurotiker, fähig aus seinen Schmerzen, aus seinem Unheil unglaubliche Kunstwerke zuwege zu bringen. Er schreibt über die Mütter:

„Das Wort war hundert Mal mächtiger als der Stock. Mit teuflischen Worten erreichte sie ihr Ziel, das sie im Sinn hatte."

Thomas Bernhard stellt fest, daß diese „teuflischen Worte" ihn in „fürchterlichste Abgründe" stürzten, denen er „Zeit Lebens" nicht entrinnen konnte. Er schreibt weiters:

„‚Du hast mir noch gefehlt. Du bist mein Tod.' In den Träumen werde ich heute noch davon gepeinigt. Sie wußte nichts von dieser verheerenden Wirkung."

Ich glaube, aus dem geht klar hervor, daß wir uns der möglichen, verheerenden Wirkung dessen, was wir zu Kindern sagen, bewußt sein sollten. Ich habe einmal eine 16jährige Patientin behandelt, die den dritten Selbstmordversuch hinter sich hatte. Als ich sie fragte, was denn die Ursache sei, sagte sie in der zweiten Sitzung: „Meine Mutter sagt mir sehr oft, ich kann es gar nicht zählen wie oft: ‚Es wäre das Beste, du wärst nicht auf der Welt.'" Ich habe das im ersten Moment nicht geglaubt, hielt es für eine Erfindung, zumindest für eine Übertreibung der Patientin. Ich fragte ihren Vater, einen Arzt. Er wurde sehr verlegen und sagte: „Ja, Herr Professor, meine Frau sagt das sogar sehr oft, wenn sie in Erregung ist. Wenn sie ‚gespannt‘ ist, braucht sie eine ‚Abreaktion‘ und spricht dann halt solch dummes Zeug aus. Aber glauben Sie mir, sie meint es nicht so.” Sehen Sie, alles, was wir zu Kindern sprechen, wird von diesen sehr ernst genommen. Ich weiß schon, daß wir Zeiten haben, wo wir unsere Zunge nicht in der Gewalt halten. Aber wir sollten uns doch darüber im Klaren sein: Es ist ein wichtiges Bürgerrecht des Kindes, daß man es auch als Gesprächspartner würdig der Gleichberechtigung erachtet, das heißt, daß man es sowohl als „Sender“ wie als „Empfänger“ von Worten so behandelt, wie wir Erwachsene behandeln, nämlich verantwortungsbewußt.

Ich komme jetzt zum dritten Punkt. Wir müssen es immer wieder erleben und hören, daß Kinder von nahen Angehörigen sexuell mißbraucht werden für die eigenen „Freuden“ und Begierden. Dabei ist es fatal, daß die Kinder noch kaum wissen, worum es sich handelt, und sich außerdem nicht wehren können. Wenn mein lieber Freund, Bornemann, sagt, diesem Geschehen könnte einiges von seinem Schrekken genommen werden, wenn die Kinder früh sexuell aufgeklärt wären, so kann ich dieser Ansicht nicht folgen.

Ich glaube, daß die Sexualität nur auf der Basis ihr Großartiges gewinnt, daß man sich den Partner aussuchen kann. Das Kind aber, das von den Eltern, von „Tanten“, „Onkeln“ und so weiter sexuell mißbraucht wird, kann sich den Partner nicht aussuchen und ist außerdem zu solch einer Partnerschaft noch gar nicht fähig. Es erlebt daher eine besondere Traumatisierung, von der ich aus Erfahrung vieler Therapien sagen kann, daß sie ein Leben lang im Erwachsenen nachwirkt, daß sie insbesondere die Sexualität dieses Menschen auf das Schwerste behindert, wodurch wiederholt partnerschaftliche Beziehungen scheitern. Solche schrecklichen ersten Erlebnisse beschwören die ernste Gefahr herauf, daß Sexualität lebenslänglich als emotional negativ erlebt wird. Wem so Schlimmes geschehen ist – und es sind viel mehr, als man glaubt –, der muß unbedingt lernen, darüber zu sprechen. Er muß aufhören, darüber verschämt zu schweigen. Gerade Menschen aber, denen es passiert ist, haben gelernt, es unverarbeitet hinunterzuschlucken, oft in einem solchen Ausmaß, daß sie sich selbst nicht daran erinnern, und unsere Gesellschaft fördert durch den Begriff der „Peinlichkeit" diesen Verdrängungsvorgang noch. Das ist grundfalsch! Man muß die ganze Empörung, die dadurch entstanden ist, loswerden, erst dann hat man eine Chance, doch noch ein gesundes Leben zu beginnen.

Der vierte Punkt zur Entwürdigung des Menschen besteht in dem, was ich Brechung des kindlichen Willens nenne. Man hört so oft: „Dir werde ich schon deinen Willen brechen. Ich werde dich schon nach meinen Gesichtspunkten herrichten." Das Wort „herrichten" hat ja eine doppelte Bedeutung, einmal, „bereit machen" und dann leider auch „zerstören".

Selbstverständlich gibt es eine Konfrontation zwischen Eltern und Kindern, die unvermeidlich ist. Es müssen dem Kind auf dem mühsamen Weg vom Lustprinzip zum Realitätsprinzip gewisse Grenzen gesetzt werden. Erstens, zu seinem eigenen Wohl, denken Sie an die Straße, die Gefahren der hohen Stockwerke, an den elektrischen Strom und alles andere, wodurch das Kind lebensgefährlich bedroht ist. Das Kind muß aber, zweitens, allmählich auch lernen, daß es nicht nur die eigenen Wünsche gibt, sondern daß auch andere Menschen mit anderen Wünschen auf der Welt sind und man versuchen muß, diese divergierenden Wünsche einander näher zu bringen und aneinander anzupassen. Das ist ein mühsamer Prozeß, aber er muß durchgeführt werden, schon deswegen, weil das Kind an den Grenzen, die ihm gesetzt werden, auch wächst. Und Wachstum in jedem Sinne ist ja das höchste Ziel einer guten „Erziehung“.

Aber dieses Grenzensetzen muß mit größter Geduld und unerschöpflicher Liebe erfolgen. Wenn es in den Versuch ausartet, dem Kind den eigenen Willen rücksichtslos aufzuzwingen, also das Kind zu demütigen, zu zerbrechen, dann wird das Kind in den Minderwertigkeitskomplex hineingetrieben, dann ist es der Verlierer, dann wagt es nicht, sich mit anderen zu messen. Und so beginnt die „Karriere des Rückzuges“, der Einengung, des Mißerfolges, die den Lebensweg eines solchen Menschen tragisch begleiten. Umgekehrt ist wohl klar, daß wir, wo immer wir den Willen des Kindes intakt erhalten, somit auch seine Vitalität fördern.

Als fünften Punkt der Verletzung der Würde des Kindes möchte ich jene Situationen anführen, bei denen wir das Kind in ein „Gefängnis“ zwingen. Dieses Gefängnis ist – auch symbolisch gemeint – das Zimmer. Furchtbar, wenn wir in diesem Zimmer Gespräche führen, die für die Ohren des Kindes Gift sind! Einer meiner Patienten sagte einmal: „Meine Eltern haben ständig einen Atomkrieg miteinander geführt.“ Die Vorstellung, daß ein kleines Kind nichts verstehen könnte, ist schrecklich falsch! Die Kampfsituation zwischen Vater und Mutter, die es tragischerweise ungezählte Male miterleben muß, vergiftet frühzeitig seinen Glauben an Partnerschaft und macht es als Folge davon oft genug partnerunfähig. „Zimmerschlacht“ ist der Titel eines bekannten Theaterstückes, und in dieses Zimmer zwingen wir das Kind mit hinein und zögern nicht, vor ihm alles auszusprechen, und glauben, daß wir ihm damit keinen Schaden zufügen.

Zum Beweis die folgende Geschichte: Ein fünfjähriges Mädchen fragt seine Mutter: „Mutter, kannst du noch Kinder bekommen?" Die Mutter, 36 Jahre alt, sehr gekränkt über diese Frage antwortet beleidigt: „Selbstverständlich kann ich noch Kinder bekommen." Darauf das Kind: „Mutter, du kannst keine Kinder mehr bekommen." Die Mutter fragt: „Wieso nicht? Wie kommst du auf diesen Gedanken?" „Ja", sagt das Kind, „du hast mir doch erzählt, daß Kinder dadurch zur Welt kommen, daß sich Vater und Mutter sehr lieb haben, und ihr beide habt euch ja nicht mehr lieb." Darauf die Mutter, zu Tode betroffen, weil das Kind die Wahrheit sagt – ihre Ehe war im Zerbrechen und ist dann leider auch geschieden worden: „Sag, woher willst du denn wissen, daß unsere Ehe schlecht ist?" Darauf das Mädchen: „Wenn ihr miteinander sprecht, dann bekommt eure Stimme einen so gereizten, feindlichen Klang, daß das doch ganz deutlich ist, daß ihr euch nicht mehr mögt."

Ich wiederhole an dieser Stelle noch einmal, was man nicht oft genug sagen kann: Kinder sind die besten Beobachter, die es überhaupt gibt! Kinder sind die Menschen, die am wenigsten zu täuschen sind, obwohl wir glauben, daß wir sie mühelos irreführen können. Kinder sind auf das intakte Elternhaus angewiesen und verwenden nicht ihren Verstand, um zu beobachten, sondern ihren Instinkt. Und dieser Instinkt sagt ihnen: „Hier ist gut sein, hier ist Geborgenheit, hier ist Sicherheit." oder „Hier ist nicht gut sein, denn hier ist Gefahr des Hasses, der Erbitterung, der Feindschaft, der bösen Worte, des Auseinandergehens!" Das alles merkt ein Kind.

Nachdrücklich sei noch einmal betont: Ich beschränkte mich hier auf die wichtigsten fünf Punkte, man kann noch viele andere finden. Ich möchte sie jetzt mit einem Lied von Bettina Wegner zusammenfassen, und ich fordere Sie auf, sich an Hand dieser Zeilen weitere Gedanken zu machen.

Sind so kleine Hände
winz'ge Finger dran,
darf man nie drauf schlagen
die zerbrechen dann

Sind so kleine Füße
mit so kleinen Zeh'n,
darf man nie drauf treten
könn' sie sonst nicht geh'n

Sind so kleine Ohren
scharf – und ihr erlaubt
darf man nie zerbrüllen
werden davon taub

Sind so schöne Münder
sprechen alles aus
darf man nie verbieten
kommt sonst nichts mehr raus

Sind so klare Augen
die noch alles seh'n
darf man nie verbinden
könn' sie nichts versteh'n

Sind so kleine Seelen
offen und ganz frei
darf man niemals quälen
geh'n kaputt dabei

Ist so 'n kleines Rückgrat
sieht man fast noch nicht
darf man niemals beugen
weil es sonst zerbricht

Grade, klare Menschen
wär'n ein schönes Ziel
Leute ohne Rückgrat
hab'n wir schon zu viel

In diesem Gedicht ist alles enthalten, was die Würde des Kindes zerstört. Und Sie wissen ja, Sigmund Freud und Alfred Adler, diesen beiden Großen, verdanken wir die Erkenntnis der schicksalhaften Bedeutung der Kindheit für die weitere Entwicklung des Menschen. In der Kindheit entscheidet es sich, ob das Kind neurotisiert oder ob es nicht neurotisiert wird, ob es glücklich in die Welt hineinschreitet, in immer weiteren und wachsenden Ringen sein Leben lebt, oder ob es sich zurückzieht, zum Außenseiter wird, zum Bloßgestellten, zum Aschenputtel, kurz und gut, ein Leben fristet, das mit vieler unnötiger und vermeidbarer Last beladen ist.

Bis jetzt habe ich über das gesprochen, was wir vermeiden sollten, nun möchte ich die Rechte des Kindes im Positiven abhandeln. Auch hier bringe ich nur einiges, was mir wichtig erscheint, und manches andere nicht. Ich habe als junger Mensch immer jene Vorträge geliebt, die nicht alles restlos ausgesprochen haben, sondern mir die Chance ließen, weiter nachzudenken. So einen Vortrag möchte ich auch Ihnen heute halten, obwohl ich zu wissen glaube, daß ich mit all meinen Ausführungen Eulen nach Athen trage, denn schließlich heißen Sie „Kinderfreunde“ und sind sich daher dieser Aufgaben, die ich hier vortrage – Vermeiden des Negativen und Gewähren des Positiven – stets bewußt. Aber ich bitte Sie, sich diesen Gesichtspunkt von einem wissenschaftlichen Standpunkt aus – und damit auch menschlichen Standpunkt, denn keine Wissenschaft ist etwas wert, wenn sie nicht menschlich „untermauert“ ist – noch einmal anzuhören und ihn auch in die Welt hinaus zu tragen.

Das erste Recht des Kindes ist das Recht auf Wärme und Geborgenheit. – Dadurch entsteht das Urvertrauen. Hier entscheiden sich wesentlich alle unsere zukünftigen Beziehungen, nämlich, ob wir vertrauen oder ob wir mißtrauen. Es ist so wichtig, daß wir in keinem Punkt das Vertrauen unserer Kinder enttäuschen; daß wir nicht Wasser predigen und selber Wein trinken, sondern, daß das Kind den Eindruck gewinnt: Auf uns ist in jeder Weise Verlaß!

Bei dieser Gelegenheit möchte ich noch etwas anmerken. Früher hat man gesagt: „Wärme ist Aufgabe der Mutter.“ Das stimmt ja auch, schon deswegen, weil das Kind die erste Wärme im Mutterschoß empfängt, und heute wissen wir, wie psychologisch wichtig diese neun Monate sind. Denn das Kind, angeschlossen an den Kreislauf der Mutter, erlebt auf diesem Wege alle ihre Gefühlsregungen mit. Niemand will die primäre Wichtigkeit der Mutter bestreiten.

Aber wir meinen doch heute in zunehmendem Maße und immer drängender, daß man die Verantwortung für Wärme, Geborgenheit, Sicherheit, Vertrauen nicht allein auf die Mutter abschieben kann, sondern, daß der Vater hier eine ganz genauso große Aufgabe hat, indem er der Mutter in dieser für sie schweren Zeit beisteht und ihr damit ebenfalls Geborgenheit und Sicherheit vermittelt.

René Spitz hat in den zwanziger Jahren ledige Mütter beobachtet. Damals war Unehelichkeit noch ein schweres Problem für Mutter und Kind. Glücklicherweise ist diese Situation heute eine andere geworden. Spitz hat nun diese sich in einer besonderen Notsituation befindlichen, ledigen Mütter beim Stillen, ohne daß sie es wußten, gefilmt. Da konnte man nun erkennen, wie diese Mütter ihre Kinder ansetzten, plötzlich waren sie mit ihren Gedanken woanders, also setzten sie sie unvermittelt wieder ab. Dann erschraken sie, besannen sich auf ihre Pflicht und setzten das Stillen fort. Dieser Vorgang wiederholte sich einige Male. Die Zufuhr von Liebe – denn Nahrung ist in dieser Zeit mit Liebe identisch – wurde also mehrmals unterbrochen, und das ist für das Kleinkind schwer aushaltbar. Die Tatsache, daß es sich um ledige Mütter handelt, weist besonders auf die Verantwortung der Väter hin. Heute müssen wir uns also bewußt sein: Der Vater hat die große Aufgabe, die seelische Situation der Mutter so zu harmonisieren, daß sie sich nicht so verhalten muß wie früher ledige Mütter.

Sicherlich kennen Sie die Theorie von Weininger, daß in jedem Menschen „M“ (Männliches) und „W“ (Weibliches) zu finden ist. Die Bezeichnungen Animus und Anima, die Jung verwendet, meinen im Grunde dasselbe. Selbstverständlich kann man darüber diskutieren, ob die sogenannten „männlichen“ und „weiblichen“ Eigenschaften naturbedingt sind, oder ob sie ein künstliches Erziehungsprodukt darstellen. (Ich persönlich sehe darin viel Anerzogenes, aber dennoch auch manches Naturgemäße, welches sich schon aus der verschiedenen Anatomie von Mann und Frau ergibt: Der Mann kann eben kein Kind in sich aufwachsen lassen.)

So wie nun die Frau ihren Animus begreiflicherweise stärkt – manche Frauen meiner Meinung nach etwas zu viel –, so hat der Mann die Aufgabe, seine Anima zu fördern und zu kultivieren. Wenn ich eine Frau wäre, so würde ich den Wert des Mannes nicht davon abhängig machen, ob er ein „Protz“ ist, sondern, ob er eine Seele hat, die bemüht ist, das sogenannte Weibliche, das Umsorgende, das Aufmerksame, das Zärtliche in sich zu fördern und zu stärken. Unsere Gesellschaft mit diesem Jagen nach Erfolg und der Vernichtung anderer ist einer solchen Bewegung leider nicht gerade freundlich gesinnt.

Ein persönliches Erlebnis zum Problem des Urvertrauens: Meinen Eltern konnte ich immer voll vertrauen. Jedes Wort, das sie mir sagten und gaben, „hielt“, niemals stieß ich auf einen „doppelten Boden“, also wuchs ich vertrauensselig auf. Im März 1939 maturierte ich und stand danach vor einer schweren Entscheidung. Denn man durfte nur dann an der

Universität studieren, wenn man vorher ein halbes Jahr den Arbeitsdienst absolviert hatte, eine typisch nationalsozialistische, geistlose Erfindung, eine unbarmherzige Vorbereitung auf das Militär, die man spätestens mit 21 Jahren ableisten mußte. Ich war eher bereit, auf das Studium vorübergehend zu verzichten, als mich dieser Tortur zu unterziehen, wobei ich hoffnungsvoll glaubte, der ganze Hitlerspuk werde in zwei Jahren verschwunden sein. Mein Vater akzeptierte meinen Entschluß und kam einige Tage später mit einem interessanten Vorschlag zu mir: Wenn man sich beim Arbeitsdienst meldete, bei der Musterung aber für untauglich befunden wurde, durfte man an der Universität inskribieren. Er kenne einen Arzt, der bei diesen Musterungen eingesetzt sei und werde erreichen, daß ich das ersehnte „Untauglich" bekäme.

Im Vertrauen auf diese väterliche Konstruktion meldete ich mich „freiwillig", ging zur Musterung, sagte brav die Beschwerden auf, die mir der Vater eingelernt hatte und wurde also gleich – für voll tauglich befunden! Darauf entwickelte sich zwischen mir und dem Chef der Musterungskommission ein mehr als merkwürdiger Dialog. Ich: „Das gibt es nicht! Ich kann nicht tauglich sein!" Er: „Sie haben sich doch freiwillig gemeldet." Ich: „Ja, aber nur, weil mir mein Vater versprochen hat, daß ich untauglich geschrieben werde." Glücklicherweise erregte dieser Dialog nur Gelächter und keine schlimmen Reaktionen.

Was war geschehen? Der Arzt, der mit meinem Vater im Bunde war, erkrankte am Morgen des Musterungstages an einer schweren Grippe, und sein Vertreter hatte natürlich von diesem „Komplott" keine Ahnung. Ich aber glaubte, daß mich mein Vater mit einem falschen Versprechen in eine Falle gelockt habe. Mein Urvertrauen brach zusammen, und ich irrte von 15 bis 24 Uhr verzweifelt durch die Straßen – eine Welt war für mich zusammengebrochen! Als ich nach Mitternacht nach Hause kam, fand ich die Eltern in verzweifelter Auflösung vor, denn niemals zuvor hatten sie von mir so etwas erlebt. Nicht genug damit! Ich erklärte, daß ich nun zum Arbeitsdienst einrücken und in diesem halben Jahr der Krieg ausbrechen werde (womit ich recht behalten sollte), daß man mich zum Militär überstellen und ich fallen würde. Auch der Einwurf meines Vaters, daß ich ja die freiwillige Meldung zurückziehen könne, brachte mich von meinem Entschluß nicht mehr ab, der nichts anderes war als eine neurotische Reaktion auf den Verlust des Urvertrauens, welche wie jedes neurotische Symptom einerseits einen Protest gegen meine Eltern und andererseits eine selbstschädigende Bestrafung für eben diesen Protest darstellte. Am ersten April rückte ich dann tatsächlich zum Arbeitsdienst nach Viktring in Kärnten ein.

Ich habe Ihnen diese Geschichte aus drei Gründen erzählt:

Erstens, weil sie die Bedeutung des Urvertrauens zeigt,

zweitens, weil sie deutlich macht, welche katastrophalen Reaktionen bei Verlust des Urvertrauens möglich sind, die natürlich umso schlimmer ausfallen müssen, je früher das Urvertrauen zerstört wird und

drittens, weil sie nachweist, wie wichtig es ist, gerade bei einem intensiven Urvertrauen, junge Menschen dahingehend zu informieren, daß sie dieses Vertrauen nicht auf alle Menschen übertragen dürfen. (Mein Verhalten vor der Kommission war wohl der Gipfelpunkt von Naivität, ja fast von Dummheit.)

Erstens, hat das Kind also Recht auf Wärme und Urvertrauen. Zweitens, hat das Kind das Recht, ernst genommen zu werden. Es gibt noch so viele Menschen in unserer Zeit des Groß-klein-Denkens, die sagen: „Ach was! Was dieses Kind daherredet, das ist ja nicht ernst zu nehmen." Ich bin 1946 in die Psychiatrische Klinik eingetreten. Im Jahre 1950 ist Professor Hoff Vorstand der Klinik geworden. Er hat durchgesetzt, wonach wir uns gesehnt hatten, ohne es realisieren zu können: alle menschenunwürdigen Bedingungen (geschlossene Türen, Gitterbetten, Zwangsjakken u.s.w.) radikal abzuschaffen und andererseits, den psychisch Kranken Wort für Wort ernst zu nehmen. Die meisten Menschen haben gar keine Ahnung, wie das früher war! Der psychiatrische Patient hat etwas gesprochen, und die Schwester, oft auch der Arzt, das muß man leider zugeben, haben überhaupt nicht zugehört und haben diese berühmten Sätze gesagt: „Ja, ja, ist schon recht." Das bedeutet: Herablassung, Gleichgültigkeit, Uninteressiertheit und Verachtung des psychisch Kranken. „Rede nur...! Es ist ja nur Unsinn und daher ohne jede Bedeutung!" Übertragen Sie das auf das Kind. Wir verachten es mitunter noch ebenso, wie wir einst (?) den psychisch Kranken verachtet haben, wenn wir mit ihm in der angeführten Weise sprechen, wenn wir, was es lebt und was es tut, nicht ernst nehmen. Es ist eine heilige Aufgabe, uns zu bemühen, das Kind anzunehmen, so wie es ist: Jedes seiner Worte kann von großer Bedeutung sein. Spricht es ins Leere, ist es schlimm für das Kind *und* die Eltern.

Ich komme jetzt zu zwei weiteren, wichtigen kindlichen Rechten. Wir müssen dem Kind erlauben, laut zu sein. Das erste, was das Kind von sich gibt, ist der Schrei. In Österreich sind laute Kinder nicht erwünscht. „Sei still, die Nachbarn werden gestört." Fast immer werden aber dabei die Nachbarn als Ausrede benützt, denn in Wahrheit fühlen sich die Eltern selbst gestört. Eltern wollen ihre „Ruhe" haben und reden sich auf die Nachbarn aus.

Die Beantwortung der kindlichen „Laute" durch die Eltern ist von großer Wichtigkeit. Schon bald beginnen sich die Schreie des Kindes in dem Sinne zu differenzieren, daß das Kind damit Gefühle ausdrückt: Gefühle der Zufriedenheit, der Unzufriedenheit, der Angst, des Zornes, der Wut. Wir müssen lernen, die seelische Bedeutung dieser Laute zu dechiffrieren und entsprechend darauf zu reagieren. Ich lese Ihnen ein Gedicht von Peter Turrini vor.

Es hat ganz einfach angefangen.
Irgendwo bin ich in einem dunklen Zimmer
  gelegen.
Ich habe geschrien
in der Hoffnung
daß jemand kommt.

Es ging ganz einfach weiter.
Irgendwann hörte ich auf zu schreien.
Ich habe so getan
als würde es mir nichts ausmachen
daß niemand kommt.

Es geht ganz einfach weiter.
Irgendwie habe ich mir angewöhnt
auf alle Beleidigungen und Verletzungen
so zu reagieren als ob.
Als ob mich das alles nicht betreffen würde.

Es geht ganz einfach nicht mehr weiter.

Wenn wir unsere Kinder als Gesprächspartner ernst nehmen, schon im Schreien, später im Reden, auf das ich gleich noch zurückkommen werde, dann ermöglichen wir ihnen, echt zu bleiben. Wenn wir keine Antwort geben, so geschieht das, was hier festgehalten ist: „als ob". Die Kinder lernen, eine Maske zu tragen und sich so zu benehmen, als ob alles in Ordnung wäre. In der Tiefe ihrer Seele ballt sich aber eine ungeheure Erbitterung zusammen, die auf den Tag wartet, wo sie sich in irgendeiner Weise entladen, ausdrücken kann. Wir müssen also versuchen, durch echte Kommunikation die „Maskierung“ des Kindes zu verhindern.

Ein weiterer entscheidender Punkt, das Als-ob zu vermeiden, liegt im Recht des Kindes, seine Gefühle ehrlich und offen zeigen zu dürfen. Bei uns wird dieses Recht oft mit Füßen getreten. Gefühle des Protestes, der Auflehnung, des Widerstandes, Äußerungen der Kritik, des Wunsches, es möge sich etwas ändern, das alles wird – von ganz wenigen Familien abgesehen – nicht geduldet. Es herrscht das Motto vor: „Wenn du mich liebst, kritisierst du mich nicht! Und wenn du mich kritisierst, dann liebst du mich nicht.“ Dies ist eine Aufforderung, die Gefühle zu unterdrücken. Wir leben schon an und für sich in einer Zeit, die die Ratio fördert, den Verstand, die aber mit Gefühlen möglichst wenig zu tun haben will. Wir leben in einer Welt, die dementsprechend gefühllos ist, was dazu führt, daß man sich in die Not des anderen nicht genügend hineindenken kann.

Ich möchte bei dieser Gelegenheit noch auf das Sprichwort zurückkommen: „Ein Kind fragt mehr, als tausend Weise beantworten können.“ Ich habe diese Problematik in meinem Opernbuch „Unbewußt – höchste Lust“ an Hand der Oper „Lohengrin“ besprochen. Lohengrin sagt zu seiner künftigen Gattin: „Nie sollst du mich befragen, noch Wissens Sorge tragen, woher ich kam der Fahrt, noch wie mein Nam' und Art.“ Übertragen Sie das auf die Kindheit! Wir haben ungezählte Kinder, die fragen, fragen, fragen, und keine Antwort bekommen, ja oft sogar absichtlich nicht einmal einer Antwort gewürdigt werden. In der Mittelschule hatten wir einen Chemieprofessor, der, wenn er eine Frage nicht beantworten konnte, immer stereotyp dasselbe sagte (Wir hatten bald seine fachliche Schwäche beobachtet, und um diese möglichst deutlich zu machen, haben wir ihm ungezählte Fragen gestellt.): „Dafür seid ihr viel zu blöd, das werde ich euch nicht erklären.“ Genau so verhalten sich sehr viele Eltern, die meinen: „Das verstehst du noch nicht! Das ist ein Blödsinn! Laß das!“ Kurz und gut, sie verweigern das Gespräch, die Kommunikation findet nicht statt! Das kostbarste Mittel unserer Kommunikation ist natürlich das Gespräch. Und das Gespräch muß man lernen! Die erste Gelegenheit dazu liegt im Dialog Eltern-Kind!

Ich zitiere Ihnen jetzt einen Satz, den mein Vater mir so oft in der Kindheit vorgesagt hat, daß ich ihn bald auswendig konnte und bis heute bewahrt habe: „Kannst du beantworten eine Kinderfrage, ob groß, ob klein, so sei die Antwort gleich dem Glockenschlag, wahr, klar und rein.“ – Also, sich auf alle Fälle der großen Verpflichtung stellen, keine Entschuldigungen, keine Ausreden!

Was aber soll ich tun, wenn ich eine Frage nicht beantworten kann, weil mir das Wissen fehlt? Dann muß ich sagen: „Das weiß ich nicht.“ Denn die Eltern bleiben ja nicht ewig Götter. Die Vorstellung, man muß diese Gott ähnliche Position für immer behalten, ist eine Illusion. Die Kinder kommen schon drauf, daß die Eltern mehr als fehlerhaft sind, und je früher wir es ihnen selber sagen, desto günstiger ist das. Der großartige, ehemalige Bürgermeister von Berlin, Albertz, der heute als Pastor in einem Altersheim in Bremen lebt, hat gesagt: „Wer je seinen Vater weinend einen Fehler eingestehen gesehen hat, der verläßt ihn währen des Lebens nicht mehr.“

Ich möchte in diesem Zusammenhang eine kleine Geschichte von Sigmund Freud und Carl Gustav Jung, seinem Schüler, erzählen. Die beiden befanden sich auf der Fahrt nach Amerika. Freud stand vor seinem Triumph in den Vereinigten Staaten, aber die Reise dauerte damals eine ganze Woche und den beiden war langweilig. Also beschlossen sie, daß auf der Hinfahrt Jung Freund seine Träume erzählen sollte, und Freud würde dann die Träume deuten. Auf der Rückfahrt war es dann umgekehrt. Als nun Freud den ersten Traum erzählt hatte, dachte Jung längere Zeit nach und sagte dann: „Herr Professor, um diesen Traum deuten zu können, müssen Sie mir ein wenig aus Ihrem intimen Leben erzählen." Darauf bekam Freud einen roten Kopf und rief: „Ich bin Ihr Lehrer, und von mir verlangen Sie, daß ich Ihnen etwas über mein intimes Leben erzähle? Das kommt doch überhaupt nicht in Frage!" (Eine für Freud sicherlich ganz charakteristische Reaktion.) Jung ging anschließend in seine Kabine und schrieb in sein Tagebuch: „Er hat mir nichts erzählt, weil er geglaubt hat, dadurch bei mir an Ansehen zu verlieren. *Weil* er mir nichts erzählt hat, hat er an Ansehen verloren." Das ist eine lehrreiche Geschichte. Wir sollen gegenüber Schülern, Kindern und so weiter nicht als Allwissende und Unfehlbare auftreten, sondern unsere Fehler eingestehen und uns nicht besser machen, als wir sind.

Folgendes möchte ich als ein weiteres primäres Recht des Kindes bezeichnen: das Recht auf Neugier. Wenn Sie Kinder erlebt haben, so wissen Sie, daß die Neugier vielleicht ihre schönste, großartigste und wichtigste Eigenschaft ist. Sigmund Freud hat uns gezeigt, daß sich in den drei Stufen der kindlichen Entwicklung zumindest eine dreifache Neugier entwickelt. In der oralen Phase will das Kind möglichst alles ergreifen, in den Mund stecken, auch oft zerbeißen und es sich auf diese Weise aneignen. In der analen Phase, wo die Ausscheidung in den Mittelpunkt der Aufmerksamkeit gerät, wendet sich das Kind seinen Exkrementen zu, will mit dem Stuhl spielen, schmieren, ist diesbezüglich neugierig, und das gehört eben auch dazu. Und in der dritten, in der sogenannten genitalen Phase interessiert sich das Kind, worauf es ja schon bei der analen Beschäftigung aufmerksam geworden ist, ganz besonders für die Genitalien. Das

Kind erlebt nun mit Lust und Neugier und Spannung die Zweigeschlechtlichkeit der Menschen, die Verschiedenheit. Im Zuge dieser Entdeckung kommt es zu den bekannten Doktorspielen. Es ist klar, daß dieses Spiel hauptsächlich dazu dient, gegenseitig die Genitalien zu entdecken.

Warum erinnere ich an diese Zusammenhänge? Weil Erwachsene die orale Neugier des Kindes als Maßlosigkeit auffassen, die anale Neugier als Unsauberkeit verurteilen und die genitale Neugier als Unanständigkeit abqualifizieren. Auf solche Weise wird diese so kostbare Gabe, die der Mensch sein Eigen nennt, nämlich die Neugier, bekämpft und entscheidend reduziert.

Freud hat gezeigt, daß diese Neugier, die ursprünglich solchen „primitiven" Zielen dient, später auf andere Ziele übertragen wird (Sublimierung). Dann spielt man nicht mit dem Stuhl, sondern zum Beispiel mit Plastilin, um nur ein Beispiel zu nennen. Dann beginnt das Kind, die Neugier auf höhere Dinge zu lenken: Man vergesse nie, daß das Lernen ein klassisches „Symptom" der Neugier ist. Es wird der lernen, der neugierig, gespannt, interessiert ist, etwas Neues zu erfahren. Wenn heute so viele Eltern klagen: „Mein Kind will nicht lernen.", dann sollen sie doch prüfen, ob sie nicht selber es waren, die die Neugier des Kindes im frühen Stadium unterdrückt haben! Wo die Neugier fehlt, fehlt gleichsam der „Rückenwind" für das Lernen und man muß sich statt dessen dazu zwingen: ein schlechter Tausch! Wo die Neugier unterdrückt wird, wird gleichzeitig auch die seelische Kraft unterdrückt, die hinter dieser Neugier steht. Man kann somit diesem Bereich nicht genug Aufmerksamkeit schenken, weil vom richtigen Verhalten der Eltern in diesen frühen Lebenstadien so viel für die Zukunft eines Menschen abhängt.

Ich möchte noch zwei Rechte erwähnen, aus den

vielen, die ich mir heute, so gut ich konnte, ausgesucht habe. Der erste von diesen letzten zwei Punkten ist: Das Kind hat ein Recht auf Werte. Eltern sind dazu da – das ist eine ihrer wesentlichen Funktionen –, den Kindern Werte zu vermitteln. Und zwar Werte, an die sie selber glauben. Mein Vater zum Beispiel, ein Mittelschullehrer, pflegte heimzukommen, setzte sich zu mir, war nicht zu müde, sondern erzählte mir von der Welt der Schule, von seinen Schülern, von seinen Mitprofessoren, von seinem Direktor. Im Alter von sieben, acht Jahren hatte ich daher sogleich nur einen Berufswunsch: Ich wollte auch Mittelschullehrer werden.

Wir sind die „Wertefütterer" unserer Kinder. Aber, wie schaut es diesbezüglich aus? Ganz schlimm, denn die Erwachsenen glauben selbst oft nur mehr an materielle Werte. Sie hetzen von früh bis nachts, um Geld zu verdienen, und wissen oft garnicht mehr, was sie mit dem Geld machen wollen; aber es muß auf jeden Fall noch immer mehr werden! Sie raffen alles an sich, dann kommen sie müde und erschöpft nach Hause und haben weder Werte, noch Kraft und Zeit für eine Wertvermittlung. Also können sie nur eines geben, und das geben sie überkompensatorisch reichlich: materielle Werte. Sie verwöhnen ihre Kinder, und die Kinder nehmen natürlich diese „Werte" an, aber ihr Wertehunger wird damit nicht gestillt. Sie wachsen somit praktisch wertelos auf. Und wer wertelos aufwächst, der ist bedroht, den Sinn des Lebens nicht zu finden. Also kann man in der heutigen Situation sehr berechtigt mit meinem unvergeßlichen Freund Manès Sperber sagen: „Nun wachsen Waisenkinder *mit* Vater und Mutter auf." Das heißt, sie haben Vater und Mutter, aber Vater und Mutter treten tragischerweise so wenig in Erscheinung, daß sie eigentlich Waisenkinder sind. Und wenn sich dann diese Waisenkinder einen Guru suchen, wenn sie in eine Sekte ausweichen, wenn sie süchtig werden, dann schreien die Eltern Feuer und versuchen, alle möglichen Leute zur Verantwortung zu ziehen. Sie machen alles, nur das eine nicht, was sie tun müßten, sich selber fragen: Was haben wir denn falsch gemacht, daß Menschen so sehr am Leben vorbeigehen?

Ich komme jetzt zum letzten Punkt, zu einem der heiligsten Rechte des Kindes in meinen Augen: dem Recht auf Kreativität. Das heißt, lebendig sein, ausgelassen sein, fröhlich sein, schöpferisch sein, die Neugier und die Phantasie in eine Realität verwandeln. Sie wissen alle, wie es darum in Wirklichkeit steht. Ich möchte Ihnen eine Episode aus meiner Kindheit erzählen: Ich hatte mich sehr früh mit Eisenbahnzügen beschäftigt. Ich wollte alle Stationen und jeden Fluß, der von der Bahn auf einer Brücke überquert wird, mit Namen kennen. Eines Tages haben mir meine Eltern eine kleine Bahn gekauft, die im Kreise herumgefahren ist. Ich aber habe mit dieser Gabe nicht einen Moment gespielt. Sie war für mich uninteressant, weil sie meiner Phantasie keinen Spielraum ließ. Statt dessen schnitt ich von einem Strauch einen Stecken ab, schob ihn entweder vor mich hin oder zog ihn hinter mir her, stellte mir Stationen auf den Wegen rund um Gars am Kamp vor, bin „Zug" gefahren und lebte selig in meiner Phantasiewelt.

Die Phantasie soll natürlich nicht nur zu Hause, sondern auch in der Schule gefördert werden. Wir brauchen eine Schule – man kann es nicht oft genug sagen –, die nicht nur Wissen vermittelt, sondern auch das Wachstum des kreativen Menschen fördert. Die Neugier, die Phantasie, die Unternehmungslust, das Bewältigen neuer Aufgaben und den Umgang mit der Gefühlswelt, das alles brauchen wir in der Schule. Je positiver unsere Gefühlswelt, desto neugieriger sind wir, desto lebendiger, desto vitaler, desto fröhlicher sind wir, und desto mehr versuchen wir, die Welt für uns zu erobern. – Ich nenne das die lustvolle Durchdringung des Lebensraumes. Ingmar Bergmann aber behauptet, daß die Kinder die Schule als Analphabeten des Gefühls verlassen. Oft glaube ich, daß er recht hat.

Ich zitiere zwei Sätze von Erich Kästner. Von ihm wissen Sie vielleicht, daß er unter ungezählten wunderbaren Gedichten auch diese zwei nach dem Ersten Weltkrieg geschrieben hat: „Kennst du das Land, wo die Kanonen blühen?“ und „Wenn wir den Krieg gewonnen hätten“. Das letzte Gedicht schließt mit den Worten, die die Deutschen auch für den Zweiten Weltkrieg sagen dürfen: „doch Gott sei Dank gewannen wir ihn nicht“. Dieser Mann kam sofort auf die schwarze Liste der Nationalsozialisten, und seine Bücher wurden mit vielen anderen verbrannt. Ein Sprecher sagte dabei stereotyp: „Ich übergebe diese Bücher des Herrn Sowieso den Flammen...“. Erich Kästner stand dabei – das wird wohl einmalig gewesen sein –, als seine Bücher verbrannt wurden, plötzlich erkannte ihn jemand und sagte: „Da ist er ja.“ Das war ein banger Moment für ihn, aber es ist nichts passiert, er hat diese kritische Situation überstanden.

Dieser Erich Kästner hat einmal auf Einladung eines Schuldirektors für ABC-Schützen eine Begrüßungsrede gehalten. Er sagte bei dieser Gelegenheit zwei Sätze: „Jetzt seid ihr Früchtchen und Kompott sollt ihr werden.“ und „Jetzt seid ihr aufgeweckt und eingeweckt sollt ihr werden.“ Eltern und Lehrer sollten sich bemühen, keinen Beitrag dazu zu leisten, daß aus der lebendigen Frucht das tote, wenn auch schmackhafte Kompott wird. In meiner Vorstellung heißt leben, eine Frucht sein und reifen. Wir müssen darum beten – das sage ich auch schon den jungen Menschen –, daß der Tod uns als eine reife Frucht pflückt. Die Methoden, die in der Schule oft gehandhabt werden, vernichten die lebendige Frucht, ihr Wachstum, ihre Lebendigkeit, ihre Kraft, ihren Saft.

Da ich nun das Leben mit einer Frucht verglichen habe, wird klar, daß eine solche nicht nur Jahre des Reifens, sondern zuerst einmal Jahre des organischen Wachstums braucht, welches nicht zu langsam, aber auch nicht zu schnell erfolgen darf. Und damit bin ich bei einem Recht des Kindes, in dem ich alle hier vorgebrachten Rechte zusammenfassen möchte, weil es gleichsam das *Primärrecht* ist: das Recht des Kindes auf seine Kindheit! Es darf nicht um diese kostbare Zeit betrogen werden! Eltern, die verlangen, ihr Kind solle früher als andere stehen, reden, lesen können, früher als andere das Toilettetraining bewältigt haben, mögen damit „Wunderkinder“ erzeugen, aber Glück schenken sie ihren Kindern damit nicht, und sich glücklich fühlen sollte ja doch soweit als möglich das Recht wenigstens der Kinder sein.

Die UNO faßt die Rechte der Kinder nun in Statuten zusammen, ein eigenes „Jahr des Kindes“ wurde gefeiert. Man organisiert Kummernummern für Kinder, veranstaltet mehrfach Untersuchungen über Gewalt gegen das Kind, installiert Ombudsmänner für Kinder und vieles andere mehr. Dies alles ist sehr zu begrüßen, geht doch von Gesetzen und offiziellen Bemühungen um das Kind eine große Beeinflußung des Klimas aus, das in einer Gemeinschaft herrscht. Dennoch kann dies alles das Zentrum, welches für die Verbesserung der Position von Kindern hauptverantwortlich ist, nicht ersetzen: die Liebe der Eltern, der Kindergärtner und der Lehrer. Wildgans wird mir verzeihen, wenn ich zwei Zeilen von ihm in diesem Zusammenhang ein wenig verändere: „Den Gärtner braucht das Kind, den gütig Weisen, der mit seinem Blut den Weinberg düngt.“ Und ich hoffe meinerseits sehr, daß ich mit allen „Erziehungspersonen“ ebenfalls gütig umgegangen bin.

Ich schließe mit einem Gedicht von Jacques Prévert, übersetzt in wunderbarer Weise von Kurt Kusenberg:

DER SCHLECHTE SCHÜLER

Mit dem Kopf sagt er nein,
doch er sagt ja mit dem Herzen.
Er sagt ja zu allem, was er liebt,
er sagt nein zu seinem Lehrer,
weil der ihn betrübt.
Er steht aufrecht,
man befragt ihn und alle Aufgaben sind gestellt,
als plötzlich ein tolles Lachen ihn befällt.
Und er löscht alles aus:
die Wörter und die Zahlen,
die Daten und die Namen,
die Sätze und die Qualen.
Und den Drohungen des Lehrers zum Trotz,
unter dem Geschrei der Wunderkinder,
zeichnet er mit Kreiden in allen Farben
auf die schwarze Tafel des Mißgeschicks
das Angesicht des Glücks.

Abel, wo ist dein Bruder Kain?

Tot in den Gräsern liegt Abel,
Bruder Kain ist entflohn.
Ein Vogel kommt, taucht den Schnabel
Ins Blut, schrickt auf, fliegt davon.

Der Vogel flieht durch die ganze Welt,
Sein Flug ist scheu, seine Stimme gellt,
Er klagt unendliche Klage:
Um den schönen Abel und seinen Todes-
schmerz,
Um den finsteren Kain und seine Seelennot,
Um seine eigenen jungen Tage!

Bald schießt ihm Kain seinen Pfeil ins Herz,
Bald wird er Streit und Krieg und Tod
In alle Hütten und Städte tragen,
Wird sich Feinde schaffen und sie erschlagen,
Wird sie und sich selber verzweifelt hassen,
Wird sie und sich selber in allen Gassen
Verfolgen und quälen bis zur nächsten Welten-
Nacht,
Bis Kain endlich sich selber umgebracht.

Der Vogel flieht, aus seinem blutigen Schnabel
Schreit Todesklage über die ganze Welt.
Es hört ihn Kain, es hört ihn der tote Abel,
Es hören ihn Tausend unterm Himmelszelt.
Zehntausend aber und mehr, die hören ihn
nicht,
Sie wollen nichts wissen von Abels Tod,
Nichts von Kain und seiner Herzensnot,
Nichts vom Blut, das aus so vielen Wunden
bricht,
Nichts vom Krieg, der noch gestern gewesen
Und von dem sie jetzt in Romanen lesen.
Für sie alle, die Satten und Frohen,

Die Starken und die Rohen
Gibt es nicht Kain noch Abel, nicht Tod noch Leid,
Und den Krieg preisen sie als große Zeit.

Und wenn der klagende Vogel vorüberfliegt,
Dann nennen sie ihn Schwarzseher und Pessimist,
Fühlen sich stark und unbesiegt
Und werfen nach dem Vogel mit Steinen,
Bis er verstummt und verschwunden ist,
Oder machen Musik, daß man ihn nicht mehr hört,
Weil seine traurige Stimme sie stört.

Der Vogel mit seinem kleinen
Blutsstropfen am Schnabel fliegt von Ort zu Ort,
Seine Klage um Abel tönt fort und fort.

Hermann Hesse
Das Lied von Abels Tod

Außer Zweifel ist das Problem des Brudermordes, das am Beginn des Alten Testamentes, gleichsam als Beginn der Menschheitsentwicklung steht, für unsere Zeit eines der wichtigsten Themen überhaupt. Denn mit dem Mord kam der Kampf, Mensch gegen Mensch, in die Welt. Ich werde jetzt die biblische Geschichte deuten, und zu diesem Zwecke bringe ich die entsprechende Stelle:

„Nach einiger Zeit brachte Kain dem Herrn ein Opfer von den Früchten des Feldes dar. Auch Abel brachte eines dar von den Erstlingen seiner Herde und von ihrem Fett. Der Herr schaute auf Abel und sein Opfer, aber auf Kain und sein Opfer schaute er nicht. Da überlief es Kain ganz heiß und sein Blick senkte sich. Der Herr sprach zu Kain: ‚Warum überläuft es dich? Wenn du Recht tust, darfst du aufblikken, wenn du nicht Recht tust, lauert an der Tür die Sünde als Dämon. Auf dich hat er es abgesehen, doch du werde Herr über ihn.‘ Hierauf sagte Kain zu seinem Bruder Abel: ‚Gehen wir aufs Feld.‘ Als sie auf dem Feld waren, erhob sich Kain wider seinen Bruder Abel und erschlug ihn.“

Daraus können wir mehrere Erkenntnisse schöpfen, die bis zum heutigen Tag für die Psychologie des Menschen wichtig sind. Vorweg eine wichtige Bitte: Erschrecken Sie nicht, wenn ich das Verhalten Gottes kritisiere. Das ist keine Gotteslästerung, sondern ich betrachte das Problem vielmehr von einem psychologischen Standpunkt. – Die Geschichte und die Geschichten des Alten und des Neuen Testamentes sind selbstverständlich auch psychologisch beleuchtbar. So muß man sagen, daß Gott Abel angenommen, Kain aber nicht angenommen hat. Kain ist der Zurückgewiesene, der Nichtakzeptierte.

In der Erzählung ist die Zurückweisung das Entscheidende. Aus dieser Zurückweisung erwächst in Kain der Neid auf den Nichtzurückgewiesenen und ebenso der Haß gegen ihn. Man könnte also sagen: Kain erschlägt den Abel, weil er an seiner Stelle sein möchte, er will eben der Angenommene sein. Sie sehen, welche ganz entscheidende Rolle es spielen kann, ob man sich angenommen oder zurückgewiesen fühlt. Jeder will der Angenommene, zumindest der Auchangenommene sein.

Manche sagen: Gott hat gewußt, daß der Kain ein Bösewicht werden wird und hat ihn deswegen nicht angenommen. Nun ist aber die Kausalitätskette eine umgekehrte. Erst hat Gott den Kain nicht angenommen, und dann ist er böse geworden. Es gibt ja heute darüber verschiedene Theorien, ich aber möchte die Behauptung aufstellen, daß kein Mensch schon böse zur Welt kommt, jeder jedoch selbstverständlich mit der Möglichkeit, böse zu sein und zu werden. Aber es sind die Umstände des Lebens, die Erziehung, die Umwelt, die das Böse hervortreten, manifest werden lassen, sozusagen, die diesbezüglichen Möglichkeiten offerieren. Bei der Geburt sind alle gleich „gut“. Der Einstellung aber, die wir zu einem Menschen haben, kommt eine ganz entscheidende Bedeutung dafür zu, in welche Richtung er sich entwickelt.

Ein Punkt, auf den ich besonders aufmerksam machen möchte: Gott spricht mit Kain, aber es ist ein sehr einseitiges Gespräch, Kain kann nicht antworten. Kain wird nur ermahnt, gewarnt sozusagen, aber die Warnung und die Ermahnung ist, psychologisch gesehen, zu wenig. Es ist leider Gottes bis zum heutigen Tage so, daß die meisten Menschen in führender Position mit Warnungen und Ermahnungen regieren und reagieren. Im Allgemeinen bringt es nichts, den Menschen aufzufordern, gehorsam zu sein, ihn an seine Pflicht und so weiter zu erinnern. Ihn zu verwarnen, ist zu wenig. Hingegen muß man mit einem Menschen wirklich sprechen, und wirkliches Gespräch ist Dialog. Weiters braucht der Betroffene die Möglichkeit, seine Gedanken, seine Phantasien, seine Gefühle, seine Verzweiflungen, seine Erbitterung und auch seine Empörung auszudrücken. Wenn man genau hinschaut, kann man nicht übersehen, daß sich in Kain eine enorme Erbitterung zusammenballte, wahrscheinlich ein ungeheures chaotisches Gefühl. Aber das ist die doppelte Tragödie: Mit diesem chaotischen Gefühl wird er noch dazu allein gelassen.

Ich möchte einen Moment ins Religiöse gehen. Die Tiefenpsychologie hat eine neue Dimension auch der religiösen Pädagogik eröffnet. Forderungen gestellt hat man vom Anbeginn der Welt an die Menschen, aber, wie Sie wissen, haben die Menschen diese Forderungen im großen und ganzen kaum eingehalten. Ich habe es schon gesagt: Der Appell, die Bitte, die Beschwörung – all dies verhallt ohne große Resonanz.

Was die Tiefenpsychologie nun Neues bringen kann, ist, zu erklären, warum man einer bestimmten Forderung nicht nachzukommen vermag. Und diese Erklärung erfolgt durch die Aufdeckung des unbewußten Materials. Dadurch hat der Mensch die Möglichkeit, sich damit dann auf der bewußten Ebene auseinanderzusetzen und es besser unter die Kontrolle zu bekommen. Das ist – wenn ich so sagen darf – die Chance, welche die Tiefenpsychologie anbietet.

Ich möchte noch eine Bemerkung zum Schluß der biblischen Geschichte machen. Es heißt dort:

„Kain antwortete dem Herrn: ‚Zu groß ist meine Schuld, als daß ich sie tragen könnte. Du hast mich heute vom Ackerland verjagt, und ich muß mich vor dir verbergen. Rastlos und ruhelos werde ich auf der Erde sein und wer mich findet, wird mich erschlagen.‘ Der Herr aber sprach zu ihm: ‚Darum soll jeder, der Kain erschlägt, siebenfacher Rache verfallen.‘“

Ein merkwürdiges Geschehen! Es scheint fast so, als würde Gott erkennen, daß er an der Tat des Kain mitbeteiligt ist. Hier ist nicht nur ein Schuldgefühl Kains festzustellen – Kain hat dazu allen Grund –, sondern es ist auch ein Schuldgefühl Gottes zu registrieren. Denn er prophezeit, verspricht, daß die Nachfahren Kains geschützt sein werden.

Jetzt komme ich zu Schlußfolgerungen für unsere Zeit. Die erste Schlußfolgerung ist eine erzieherische. Wir müssen sehen, daß diese Geschichte etwas Unheimliches zeigt, nämlich: Wer schlecht behandelt wird, der fühlt sich schlecht, und wer sich schlecht fühlt, der wird schlecht, kann zumindest in eine große Versuchung kommen, schlecht zu werden. Daraus muß für uns die Erkenntnis resultieren, daß wir kein Kind verstoßen, zurückweisen dürfen, sondern daß wir jedes Kind annehmen müssen. Wenn wir ein Kind haben, so müssen wir es annehmen, wenn wir zehn Kinder haben, so müssen wir sie alle annehmen. Es ist klar, daß es schon sehr schwer ist, auch nur zwei Kindern das Gefühl zu vermitteln, gleich angenommen zu sein. Und dennoch müssen wir darum ringen. Das ist die große, schwere Aufgabe, die wir aus dieser alttestamentarischen Geschichte lernen können.

Diese unendliche Gefahr, wenn sich ein Kind nicht angenommen fühlt! – Wir finden viele Belege dafür. Ich gehe jetzt vom Alten Testament zur griechischen Sage von Ödipus. Es ist interessant, daß hier in der Wurzel dasselbe geschieht. Ödipus wird von den Eltern verstoßen, ausgesetzt. – Fort, weg mit ihm! Warum? Weil den Eltern prophezeit wurde, daß dieser Knabe den Vater töten werde. Statt daß sie sich mit dem Problem auseinandersetzen, wird das Kind verstoßen. Und gerade weil es verstoßen wird, kann es den Vater töten. Denn Ödipus tötet ja nicht den Vater, sondern einen Unbekannten, und Ödipus heiratet ja nicht die Mutter, sondern eine Frau, von der er nicht weiß, daß sie seine Mutter ist. Wodurch ist dies alles erst möglich? Durch die Verstoßung!

Es ist immer wieder dasselbe: Die Verstoßung des Kindes führt zur Katastrophe! Selbstverständlich gibt es viele Formen des Verstoßenwerdens. Man muß ein Kind nicht in der Wildnis aussetzen, man kann ein Kind, das sich bei einem befindet, genauso verstoßen, indem man sich von ihm innerlich abkapselt und ihm nicht die nötige Liebe zuteil werden läßt.

Ich möchte Ihnen bei dieser Gelegenheit sagen: Die Tiefenpsychologie hat gezeigt, daß die Neurotisierung in den ersten sechs Lebensjahren erfolgt und zwar in eindeutiger Weise durch das falsche Verhalten der Eltern. Es ist interessant, daß selbst die Tiefenpsychologen, obwohl sie eine Lehre geboren haben, die erklärt, wie die Kinder zu Opfern der Eltern werden, dieser letzten Konsequenz, die Verantwortung bei den Eltern zu suchen, ausgewichen sind. Sigmund Freud war eben dabei, die große Verantwortung der

Eltern aufzudecken, als sein Vater Jakob starb. Am Tag nach dem Tode seines Vaters hatte Freud diesen Traum: Er befand sich in einer großen Aufbahrungshalle, und über der Halle war auf einer großen Tafel zu lesen: „Es wird gebeten, die Augen zuzudrücken."

Dieser Traum ist doppeldeutig, wie die sehr gescheite Marianne Ruelt schreibt, die die Psychologie der Väter von Marx und von Freud analysiert hat. Einmal bedeutet „Du sollst die Augen zudrücken" das Zudrücken der Augen von Toten, zum anderen bedeutet es, über etwas hinwegsehen, über etwas hinweggehen. Frau Ruelt meint, daß der Tod des Vaters und dieser Traum das entscheidende Moment dafür war, daß von da an Freud eine Neurosentheorie entwickelt hat, die die Verantwortung von den Eltern auf die Kinder überwälzt. Laut dieser Neurosentheorie ist es so: Das „böse" Kind liebt die Mutter und will den Vater umbringen. – Das Kind ist somit der Verantwortliche, der sich mit Schuld belädt.

Wenn wir die weitere Entwicklung der Tiefenpsychologie betrachten, sehen wir: Es bleibt dabei. Alfred Adler sagt: Die Neurose beginnt mit dem Minderwertigkeitsgefühl des Kindes. Also, wer ist, zumindest bei oberflächlicher Betrachtung, schuld? Das Kind, weil es sich minderwertig fühlt, obwohl es sich ja minderwertig fühlen muß! Denn jedes Kind stellt, wenn es sich mit den Großen vergleicht, fest, daß es schwächer ist. In der späteren Entwicklung der Tiefenpsychologie sieht man, wie dann die Verantwortung der Eltern überhaupt ganz verblaßt. Denken Sie an Jung, der sich vor allem der Analyse der zweiten Lebenshälfte zuwendet und an Frankl, bei dem überhaupt nur mehr von existentiellen Forderungen an den Menschen die Rede ist, aber über die Kindheit überhaupt nicht mehr gesprochen wird. Man stellt also eine merkwürdige Tendenz fest, die Eltern zu entschuldigen oder aus dem Spiel zu bringen.

Wenn wir aber die Kain-Abel-Geschichte und besonders die Rolle Gottes in ihr richtig interpretieren, können wir diese ungeheure Verantwortung, die die Eltern haben (Sie sind ja Stellvertreter Gottes.), verstehen lernen. Das heißt nicht, um noch bei den Schlußfolgerungen für die Gegenwart zu bleiben, daß wir gegenüber dem Fehlverhalten der Eltern verständnislos sind. Es gibt für Eltern sehr viele Entschuldigungen, die man verstehen kann, zum Beispiel, daß sie selber in ihrer Kindheit neurotisiert worden sind, daß es überhaupt nicht einfach ist, Kinder zu erziehen und so weiter. Wenn wir hier von Entschuldigungen sprechen, implizieren wir damit aber doch auch Verantwortung. Und aus dieser Verantwortung können wir die Eltern letztlich nicht entlassen. Ich möchte sagen: Die Zukunft der Menschheit wird wesentlich davon abhängen, ob wir aus ihrer ersten Geschichte die ungeheuerliche Bedeutung der Zuwendung und des Annehmens lernen.

An Hand der Kain-Abel-Geschichte will ich auch auf einen politischen Aspekt zu sprechen kommen. Wenn man einen Menschen kriegswillig, also begeistert für den Krieg machen will, muß man ihm das Gefühl geben, ein Benachteiligter und ein Zurückgewiesener zu sein. Auf diese Weise kann man den Neid und den Haß erzeugen, der notwendig ist, damit Menschen bereit sind, einen Angriffskrieg zu führen.

In diesem großen und schrecklichen Jahrhundert hat man ein so bedeutendes Volk wie das deutsche zweimal kriegswillig machen können. Das erste Mal, indem man sagte: „Die Welt gehört allen, nur uns nicht. Deutschland muß auch einen Platz an der Sonne bekommen. Deutschland ist ein Volk ohne Raum. Deutschland hat keine Kolonien." Und dann das zweite Mal: „Deutschland wurde durch den Friedensvertrag von Versailles unverdient gedemütigt und zu einem Land zweiter Klasse degradiert." Solche Parolen haben die Menschen für den Krieg bereit gemacht. Natürlich nicht sie allein. Unter vielen Umständen, die dazu ebenfalls beigetragen haben, war auch der sehr wichtig, daß ungezählte Menschen keine Arbeit hatten. Auch diese Arbeitslosigkeit brachte aber das Gefühl der Benachteiligung auf, umsomehr, als auch die Arbeitslosigkeit als Folge des verlorenen Krieges gedeutet wurde (was sie nicht war).

Ich komme zurück auf Kain und Abel und muß in diesem Zusammenhang die Frage stellen: Warum ist Abel nicht auf den Gedanken gekommen, den ersten Schlag zu führen? Denn er konnte doch erste, deutliche Ansätze dafür nicht übersehen, wie sehr ihm Kain feindlich gesinnt war. In die moderne Welt könnte man die Frage so übersetzen: „Warum führte Abel keinen Präventivkrieg?"

Ich möchte nun zu diesem Problemkreis eine Prosaszene von meinem unvergeßlichen Freund, Erich Fried, zitieren:

DER PRÄVENTIVSCHLAG

Kein Zweifel mehr: Mein eigener Bruder Kain will mich töten. Ich habe ihn genau gesehen, wie sich sein Gesicht zu einer haßerfüllten Fratze verzog, weil sein Opfer nicht so gnädig angenommen wurde wie meines. Und ich habe die Stimme gehört, die Stimme dessen, dem er und ich Opfer bringen, jeder sein eigenes, wie er Kain wegen seines Zornes zur Rede stellte und ihn vor der Sünde warnte. Daß die Sünde vor seiner Türe ruht und wartet und Verlangen nach ihm trägt. Und was diese Sünde ist, die Kain in sich herumträgt, wie meine Schafe ihre ungeborenen Lämmer, das weiß ich ganz genau.

Lange genug leide ich schon Angst. ich habe keine Hoffnung, seinen hinterlistigen Angriff abwehren zu können. Ich weiß, Kain ist stärker als ich; er ist nicht nur der Ältere, ich war immer schon schwächer, sondern auch das Umgraben seines Ackers stärkt ihm die Arme und den ganzen Körper weit mehr als mir das Aufziehen und Hüten der Schafe, das meine Arbeit ist. Außerdem hat er seine gefährlichen Geräte, den Spaten und seinen Pfahl mit der scharfen, im Feuer gehärteten Spitze. Und überhaupt, der, der den anderen unversehens überfällt, ist immer im Vorteil.

Und doch ist er, dem wir unsere Opfer bringen, ich die Erstlinge meiner Herden, er seine Ähren und Früchte und sein Grünzeug, nur mir zugeneigt, nicht ihm. Das zeigt schon der Rauch unserer Opfer: Mein Opferrauch stieg, wie immer, geradeaus zum Himmel auf, der seine aber kroch wieder schwer und mit üblem Unkrautfeuergeruch am Boden hin und wollte sich nicht heben. Ich glaube, der Wille, der über uns ist, kann nicht wollen, daß dieser Erdbodenzerhacker auch mich mit seinen staubigen, kotverkrusteten Werkzeugen trifft und zerhackt, als Dünger für sein umgegrabenes Feld, auf dem er vielleicht schon den Boden locker gemacht hat für mein Grab.

Nein, so darf es nicht sein. Ich selbst muß den Vorteil wahrnehmen! Nicht er soll mich, sondern ich will ihn überraschen. Und weiß er Spaten und Pfahl zu handhaben, so habe ich doch mein Steinbeil, mit dem ich meine Herde vor den reißenden Tieren schütze. Er, der mein Opfer gnädig angenommen und das seine verschmäht hat, weiß es: Mein Bruder Kain ist nicht mehr besser als das reißende Raubzeug, das meinen Lämmern und Schafen nach dem Leben trachtet. Ärger noch, denn er hat es nicht auf ein Tier abgesehen, nein, auf mich, seinen eigenen Bruder. Aber er soll sich getäuscht haben!

Da kommt er. Ja, ja; sein Gruß kann mich nicht betrügen. Damit will er mich nur in Sicherheit wiegen, aber die Zeiten sind vorbei. Er soll mir vom Leibe bleiben. Da: Auch das ist ein Anzeichen. Nie noch in letzter Zeit hat er meinen Blick lange ertragen. Und auch jetzt wendet er wieder den Kopf ab und sieht nicht mich an, seinen Bruder, sondern er blickt zurück auf seinen elenden Altar, von dem die Rauchschlange immer noch hinunterkriecht, zu Boden, dunkel und schwer. Jetzt muß es sein! Jetzt, solange er nichts als den unerlösten Rauch sieht ...

Wie schnell das gegangen ist; als ob ich es gar nicht getan hätte. Als ob es gar nicht wahr wäre. Aber es *ist* wahr: Da liegt er vor mir auf dem Boden. Aus. Er wird keine Mordpläne mehr gegen mich hecken. Er wird nicht den Spaten hinterrücks gegen mich heben, und auch nicht den spitzen Pfahl. *Sein* Blut ist es, nicht das meine, das jetzt hier die Vertiefung im Stein füllt, fast wie drüben das Wasser den Tümpel dort, am Weg, auf dem meine Tiere zur Tränke gehen. Der Wille dessen, der mein Opfer angenommen und das seine verworfen hat, ist geschehen! *Seine* Stimme war es, die für mich und gegen ihn entschieden hat...

Ja, seine Stimme. Ich höre sie. Sie spricht laut und vernehmlich. Aber was ruft sie? „Kain", ruft sie, „Kain, wo ist dein Bruder Abel?"

Hier bin ich, Herr, hier! Hab keine Angst mehr um mich: Hier stehe ich, Abel, dessen Opfer du gnädig angenommen hast. Und Kain, den du verworfen hast, liegt dort hinter mir. Seine eigene Sünde hat sich gegen ihn gekehrt. Ich habe sein Gesicht mit welkem Laub zugedeckt, daß seine starren Augen nicht den Himmel beleidigen.

Nein, Herr: Du irrst. ich bin *nicht* Kain! Abel ist nicht mein Bruder, das bin ich selbst! Wieso fragst du mich, wo mein Bruder Abel ist? Du irrst dich! Da: ich zeige ihn dir, meinen Bruder. Da liegt er. Ja, gewiß, das ist Kain, wer sonst? Warte: ich nehme das Laub von seinem Gesicht, daß du es selbst ...

Das kann doch nicht sein? Nie im Leben hat er mir so ähnlich gesehen. Fast als ... oder bilde ich mir das nur ein? Aber ich kenne doch mein Gesicht. Da drüben im Tümpel, der alles spiegelt, sehe ich es täglich. Und jetzt soll er wie ich aussehen? Nein, das kann nicht sein. Das kommt mir nur so vor, weil er tot ist. Ich sehe anders aus als er. Ich weiß, ich gehe zum Tümpel: Ich will mein eigenes Gesicht wiedersehen.

Jetzt weiß ich, warum er sich irrt und mich Kain ruft.

Diese Szene sagt uns in meisterhafter Form, daß wir, wenn wir den Präventivschlag führen, genauso Mörder sind wie Kain. „Aber", könnte der advocatus diaboli hinzufügen, „wenn es schon nicht erlaubt ist, ‚sicherheitshalber' als erster anzugreifen, so wird es doch wenigstens gestattet sein, sich selbst so mit Waffen zu versorgen, daß es sich der andere tausendmal überlegen wird anzugreifen." Si vis pacem, para bellum. – Wenn du den Frieden willst, bereite den Krieg. So haben findige Leute diese Haltung beschrieben und gepriesen. Also rüste, damit der Feind nicht verlockt ist, dich für wehrlos zu halten und dich deswegen überfällt. Ja, es ist ganz raffiniert ausgedacht, daß man in Waffen starren muß, damit nicht der andere zur Sünde des Mordes, des Krieges verführt wird.

Ich möchte an dieser Stelle ein persönliches Bekenntnis ablegen: Auch ich war lange Zeit Anhänger des sogenannten „Gleichgewichtes des Schreckens" zwischen West und Ost. Ich dachte, daß wir diesem Gerüstetsein auf beiden Seiten, dieser Angst voreinander eine lange friedvolle Periode verdanken. Ich kann mich heute mit diesem Gedanken nicht mehr befreunden, sondern ich glaube, daß es schlimm ist, wenn man solchen Erwägungen anhängt.

Heute halte ich es mit dem Erzbischof von Seattle, Hunthausen, der gesagt hat: „Für den Christen ist es nicht das Schlimmste, überwältigt zu werden, sondern für den Christen ist es das Schlimmste, wenn er Waffen schmiedet, mit denen andere umgebracht werden sollen." Damit Sie sehen, was die Konsequenzen sein können, wenn man sich zu solch einer Haltung bekennt, muß ich berichten: Der Erzbischof von Seattle wurde allen Ernstes beschuldigt, nicht im Besitz all seiner geistigen Kräfte zu sein. Er hat vom Vatikan jedenfalls einen Koadjutor mit allen Vollmachten zugeteilt bekommen, was praktisch einer Entmündigung „bei lebendigem Leibe" entspricht. Sie sehen also, wie folgenschwer es in unserer Welt sein kann, wenn man christliche Grundsätze zu verwirklichen sucht, auch inmitten der Kirche. Freilich kann ich in Erinnerung an das Schreckliche, was Hitler der Welt angetan hat, auch verstehen, daß sich Menschen bewaffnet zusammenfinden mußten, um ihn zu beseitigen. Eine ähnliche Situation kann leider wieder eintreten.

Bei dieser Gelegenheit will ich noch etwas nicht verschweigen: Es klingt zwar wunderbar, wenn man wie der frühere Präsident Reagan sagt: „Ich werde über meinem Land einen Schild errichten, der unverwundbar gegen Atomwaffen macht." Die Welt wäre aber dann diesem einen Land, das einen solchen Schild besäße, auf Gedeih und Verderb ausgeliefert. Denn es hätte damit einen Vorsprung, welcher durch Erpressung eine vollständige Unterordnung aller anderen erzwingen könnte. Ich kann nicht begreifen, wie man nicht versteht, daß das andere Länder in eine tödliche Besorgnis und Beunruhigung versetzt. Auch wenn man tausend Male erklärt: „Ich baue ja den Schild nur für mich und für meine eigene Verteidigung.", bleibt dies in Wirklichkeit eine furchtbare Bedrohung für die übrige Welt.

Ich komme jetzt noch ein letztes Mal auf diese Zweiteilung der Welt zurück. Auch wenn der „Eiserne Vorhang" mit Mauern, Todesstreifen und

Schießbefehl heute wie ein böser Spuk verflogen ist und das so überraschend schnell geschah, daß wir es, meiner Meinung nach, bis zum heutigen Tage in seiner ganzen Bedeutung noch nicht erfassen können, so sollen wir dennoch dieser Zeit eingedenk bleiben, sollen wir nicht vergessen, was sie uns lehrt. Denn niemand weiß, ob nicht schon bald andere Zweiteilungen uns in schrecklicher Weise wieder bedrücken werden. Ich möchte Ihnen daher aus der Rede, die Hermann Hesse 1955 hielt, als ihm der Friedenspreis des deutschen Buchhandels verliehen wurde, folgende Zeilen nahe bringen:

„Daß die Hälfte der Welt sich losreißt und sich schlimmen Mächten verschreibt, ist vermutlich schon öfter vorgekommen. Der Mensch ist jeder Dummheit und jeder Gemeinheit ebenso fähig, wie jeder Hingabe an Sinn und Harmonie der Welt, und vermutlich sind die Dummen und Gemeinen stets in der Überzahl gewesen. Wie Gott darüber denkt, erfährt man in klassischer Form aus dem Gespräch Abrahams mit Gott wegen der Stadt Sodom. Da ist von keiner Hälfte die Rede, Gott läßt sich bis auf eine Mindestzahl an Gerechten herunterhandeln, und das Großartige an diesem zähen Handeln ist, daß nicht Gott den Menschen zur Nachsicht ruft und mahnt, sondern umgekehrt. Es ist ein wunderbares Gleichnis. Worauf es mir aber ankommt, das ist, wenn die Hälfte der Welt sich losgerissen oder emanzipiert hat, so gelten für die andere Hälfte alle Gesetze des Sinnvollen und ehrfürchtigen Lebens unverändert weiter. Wenn auch diese andere Hälfte an die Atombombe statt an die Vernunft, an die Technik statt an die Natur, an den Krieg statt an den Frieden glaubt, dann gehört die ganze Welt dem Bösen und es hebt eine neue Epoche der Geschichte an. Nach meinem Geschmack eine weder hübsche noch interessante, denn das Interessante, brennend Interessante der bisherigen Geschichte ist einzig der Kampf zwischen Gott und dem Teufel, zwischen Bombe und Vernunft. Woraus ich folgere: Wenn dem altmodischen und auf Gott ausgerichteten Menschen der Losgerissene begegnet mit der Waffe in der Hand, sei es die primitive Waffe als Instrument des Tötens oder die der Lüge, der Verdrehung, der Propaganda, dann ist es für den Fortbestand eines göttlichen Sinnes in der Welt wertvoller und richtiger, wenn der Losgerissene den wehrlosen Bruder totschlägt, als wenn er ihn dazu bringt, das Stückchen Welt, für das er allein verantwortlich ist, nämlich sich selbst, zu verraten. So lehrt uns also die Geschichte, daß wir diesen Verrat an uns selbst, an Gott nicht durchführen dürfen und daß wir auf keinen Fall, wenn wir auch noch so bedroht sind, Gleiches mit Gleichem vergelten dürfen."

Man könnte noch vieles über dieses Problem sagen, ich aber komme jetzt wieder zu Kain und Abel zurück und zwar zu dem Drama „Kain" von Anton Wildgans. Der Grundgedanke in diesem Stück ist: Es existieren zwei Menschentypen, die einander in jeder Weise so widersprechen, die solche Gegensätze vertreten, daß es früher oder später zwischen ihnen zu einer Auseinandersetzung kommen muß. Es geht um das Anderssein. – Der andere ist anders als ich (wie schon im sprachlichen Ausdruck enthalten ist).

Zur Charakteristik dieser zwei Typen: Kain ist der Arbeitsmensch, der Triebmensch, der Kraftmensch, der Aufbegehrende. Kain ist der, der mit allem unzufrieden ist. Kain ist der Revolutionär. Er ist der, der dem Schicksal in den Rachen greifen will. Er ist der Mensch, der sich gegen Gott auflehnt, der von der Ewigkeit und vom Jenseits nichts hält. Kain ist der, der auf das Diesseits setzt, der sich in diesem Diesseits verbessern und der dabei in die göttlichen Rechte eingreifen will. Ein entscheidendes Hauptmotiv seines Handelns ist die Auseinandersetzung mit der These

Gottes: „Ich habe dem Menschen das Leben gegeben, und ich bin daher der einzige, der berechtigt ist, dem Menschen das Leben zu nehmen." Man könnte so sagen: Wie Prometheus das Feuer vom Himmel holen will und damit Gott verspottet, so zeigt Kain mit seinem Mord an Abel: „Auch ich kann über Leben verfügen, nicht nur du." – Die erste Strophe von Goethes Prometheus könnte ebenso Kain in den Mund gelegt werden:

Bedecke deinen Himmel, Zeus,
mit Wolkendunst
und übe, dem Knaben gleich,
der Disteln köpft,
an Eichen dich und Bergeshöhn!
Mußt mir meine Erde
doch lassen stehn
und meine Hütte, die du nicht gebaut,
und meinen Herd,
um dessen Glut
du mich beneidest.

Abel, auf der anderen Seite, verkörpert den Fröhlichen, Gemütsbetonten, Besinnlichen, er ist ein Mensch voll Arglosigkeit, voll Gläubigkeit, bereit, sich unterzuordnen. Nicht eine Sekunde lang kommt ihm in den Sinn, eine Kampfsituation zwischen Gott und ihm zu initiieren. Abel ist der Mensch der Sinne und der Sinnlichkeit, der den Gesang erfindet, ein Mensch der Phantasie und Kreativität, das Urbild des Künstlers. Kain fragt Abel: „Welchen Sinn hast du voraus zu sehen, was sich nicht zeigt?" Für Kain, den Realisten, ist, was er nicht sieht, nicht existent. Abel antwortet Kain, er habe eines voraus: die Sehnsucht. Abel ist ein gefühlvoller Tagträumer. Das ist psychologisch sehr interessant dargestellt: Am Tag träumt er, nachts schläft er ruhig. Kain ist kein Tagträumer, aber statt dessen ein Nachtträumer. Sein Unbewußtes bedrängt ihn, seine Träume sind schrecklichen Inhaltes. Sie sehen also: überall diese Gegensätze. Anton Wildgans hat daher einmal zu Recht gesagt: „Das Prinzip Kain und das Prinzip Abel.“

Diese Polarisierung hat auch für uns heute eine ungeheure und schlimme Bedeutung. Es besteht ja nach wie vor die Tendenz, die Welt in zwei Teile zu teilen: die Guten und die Bösen. Da gibt es eine geheime Grenze und dazwischen gibt es nichts.

Diese Schwarz-Weiß-Malerei ist eine ungeheure Gefahr, und sie lebt vor allem vom Mißtrauen. Und dieses Mißtrauen entsteht schon in der Kindheit. Wer seinen Eltern nicht trauen kann, wer in diesem Vertrauen gestört und zerstört wird, der bleibt sein Leben lang ein mißtrauischer Mensch, der kann niemandem glauben, der sieht überall Gefahren und Verräter, und jeder, ihm noch so gut gesonnene Mensch meint es letztlich schlecht mit ihm. Zweitens aber lebt diese primitive Betrachtungsweise von der Angst. Und es ist leider eine tragische Tatsache, daß die Politiker diese Angst schüren. Wovor müßte denn der Mensch wirklich Angst haben? Er müßte vor den Waffen Angst haben. Seine wahren Feinde sind die Waffen! Aber die Politiker schaffen es, diese Angst vor den Waffen ab- und auf die anderen Menschen hinzulenken, indem sie mit List und Tücke das produzieren, was man das „Feindbild“ nennt. Zu Feindbildern kann man aber diese Menschen, die von Mißtrauen und Angst beherrscht werden, leicht verführen. Die Welt ist leider voll von Beispielen einer solchen polarisierten Schwarz-Weiß-Malerei. Ich weiß bis zum heutigen Tage kein eindrucksvolleres Beispiel als jenes, welches ich schon in der „österreichischen Seele“ geschildert habe, und das ich hier noch einmal zitieren möchte. Im Jahre 1793 schreibt der „Teutsche Patriot Heinrich Theodor Steller“ zur möglichen Verbrüderung mit den Franzosen im Zeichen der Französischen Revolution: „Es wäre nichts Sonderbareres in der Welt als eine solche Verbrüderung. Unser Charakter ist offen, ehrlich und bieder, der Eurige ist versteckt, betrügerisch und falsch. Wir sind keusch, züchtig, gerecht, Ihr seid unkeusch, schamlos und ungerecht. Wir stehen des Morgens früh auf und essen im Schweiße unseres Angesichts unseren Bissen Brot, Ihr schlaft lange, frühstückt, wenn wir zu Mittag essen und arbeitet, wenn Ihr anders nicht dazu gezwungen seid, äußerst ungern."

Für die Akzeptanz solcher „Wahnideen" ist maßgeblich verantwortlich, daß man die negativen Seiten in der eigenen Person nicht wahrhaben will. Je mehr man die Entdeckung schlimmer Eigenschaften (und wer hat sie nicht) bei sich selber fürchtet, desto kritikloser glaubt man sie, im anderen zu entdecken, es liegt also eine Verschiebung, Projektion und Ablenkung vor. So, wie man sagt, „Liebe deinen Nächsten wie dich selbst!", so könnte man also auch sagen: „Fürchte den anderen wie dich selbst!" Wer somit Grund hat, sich vor sich selbst zu fürchten, es aber nicht weiß, der fürchtet sich dann besonders auch vor anderen. Daher scheint mir der Song aus dem neuen Musical „Freudiana" durchaus sinnvoll:

> Ich bin dein Spiegel
> In meinen Augen siehst du dich,
> Ich bin dein Spiegel,
> Zeig' dir dein ungeliebtes Ich.

Und noch etwas: So mancher, der sich für Abel hält, hat in Wirklichkeit auch den Kain in sich. Wenn er daher das Wort des Herrn hört: „Abel, wo ist dein Bruder Kain?", so sollte er wohl antworten: „In mir."

Trotz all der Typisierung, von der ich gesprochen habe, ist es mir wichtig zu betonen, daß Wildgans bestrebt war, in seinem Stück nicht nur Kain als den Bösen und Abel als den Guten zu zeigen, sondern er war sehr wohl auch bemüht, in Abel bedenkliche Züge und in Kain Ansätze von Gefühlen zu entdekken, die uns bereit machen, ihm unser Mitleid nicht zu verwehren. Die eindrucksvollste Stelle diesbezüglich ist jener Moment, da Kain Abel singen hört und darauf bewegt sagt: „Wie schön ist Gesang, die Welt wird ärmer sein, wenn kein Gesang mehr ist." Hier darf ich versuchen fortzusetzen und zu variieren: Nicht nur die Welt, auch Kain wird ärmer sein, wenn Abel nicht mehr ist. Gerade in ihrer Gegensätzlichkeit verlangen Abel und Kain einander, sind sie aufeinander angewiesen, können ohne den anderen nicht sein. Wir alle brauchen den Bruder, brauchen den anderen, brauchen den Feind. Unvergleichlich hat Friedrich Heer beschrieben, daß gerade der Feind als unser unerbittlicher Kritiker in Wirklichkeit unser unentbehrlicher Freund ist.

„Wir müssen uns die Erkenntnis erzwingen, erkämpfen, daß wir den Gegner, den Feind brauchen, weil er *oft* unser zweites Ich verkörpert, *immer* einen nicht nur furchtbaren, sondern auch fruchtbaren Gegenpol zu uns darstellt, im Hin- und Herschwingen, zu dem erst unser eigenes Wesen seine volle Ausfaltung und Spannkraft entfalten kann, immer eine Möglichkeit, ein Spiegelbild unseres eigenen Selbst. Wir brauchen den Gegener, den Feind, unser zweites Ich, unseren Gegenpol, unser Spiegelbild; deshalb müssen wir ihn hüten und pflegen als den kostbarsten Schatz, den wir auf dieser Erde besitzen. Dieses Korrektiv, das uns unerbittlich unsere Fehler aufzeigt, diesen einzigen Freund, der ganz ehrlich zu uns ist – mag er auch einer erschreckend im Realismus versunkenen Christenheit zum erstenmal wieder das Absolute des Christlichen klarmachen und offenbaren im Absoluten seiner Volksgerichte und Tribunale, die wieder die Wahrheitsfrage an uns stellen: ‚Wozu bekennst du dich?'"

So gewinnt, glaube ich, das Wort: „Liebet eure Feinde!“, eine ganz neue, für uns alle lebenswichtige Bedeutung. Und dann können wir nicht anders, als den allein zurückgebliebenen Kain zutiefst zu bedauern, wie es Gudrun Reinboth in den folgenden Zeilen auszudrücken versucht hat:

Nicht Verfolgung
leidet kain
und niemand
sitzt zu gericht
leben muß kain
mit abels
unheilbarer
abwesenheit

Darf ich Sie einladen, „Kain“ zu lesen, wenn sich schon keine Gelegenheit ergibt, ihn anzusehen. Wildgans hat das Stück 1919 abgeschlossen. Es lag dem Dichter sehr am Herzen, in vielen Vorlesungen hat er es selbst vorgetragen. Einmal, am Ludo-Hartmann-Platz, ist er nach dem 3. Akt vor Aufregung zusammengebrochen, so sehr hat es ihn bewegt. Er hat es gelesen, als er die Ehrennadel der Wiener Universität bekam, im Jahre 1923, er hat es im Sitzungssaal des Reichstages in Berlin, 1924, rezitiert. Die Uraufführung fand 1921 im Wiener Burgtheater statt. Als Anton Wildgans am 17. April 1931 als Burgtheaterdirektor seinen 50. Geburtstag feierte, war die Aufführung des „Kain“ für ihn das Geburtstagsgeschenk. Reimers war Adam, Bleibtreu war Eva, Balser Kain und Hartmann Abel. Man konnte damals nicht ahnen, daß Wildgans knapp ein Jahr später tot sein würde und die Schauspieler, tief erschüttert, noch einmal zu seiner Totenfeier den „Kain“ spielen würden.*

* Der Vortrag wurde vor einer Aufführung des Theaterstückes gehalten.

Eine (leider) nicht gehaltene Rede des Kärtner Landeshauptmannes

Meine Damen und Herren, ich bin heute in einer äußerst schwierigen Situation. Ich muß Ihnen bekennen, daß ich zu den drei Landeshauptmännern, zu dem jetzigen und seinen beiden Vorgängern, keine sehr gute Beziehung hatte und habe. Daher fällt mir die Identifikation mit dem Begriff Landeshauptmann von Kärnten sehr schwer. Ich habe nur zwei Möglichkeiten: Entweder ich muß so tun, als ob ich der Landeshauptmann Jörg Haider wäre, oder ich muß mich sozusagen für kurze Zeit selbst in die Position eines neuen Landeshauptmannes hineindenken. Da die erste Möglichkeit für mich indiskutabel ist, bin ich gezwungen, die zweite anzunehmen, zu sprechen, als ob ich Landeshauptmann wäre. So wie ich mich bemühen werde, immer diese Als-ob-Theorie im Kopf zu behalten, so bitte ich Sie, daß Sie das in gleicher Weise gütig annehmen.

Liebe Kärtner und Kärtnerinnen und liebe Freunde über die Grenzen dieses Landes hinaus! Gestatten Sie mir einen kurzen geschichtlichen Überblick: Im Jahre 1918 sind hier Truppen von Jugoslawien her eingedrungen. Es ist in diesem Lande zu einem Widerstandskampf gekommen, der Menschenleben gekostet hat. Er wurde mit großer Tapferkeit geführt, ging militärisch verloren, weil dann das ganze Land bis nach Klagenfurt von den jugoslawischen Truppen besetzt wurde. Der Widerstandskampf war aber insofern nicht erfolglos, als es doch vor allem im großen Zusammenhang damit – das ist geschichtlich ein wenig umstritten – zu der Entscheidung der Volksabstimmung in den beiden Zonen kam. Am 10. Oktober 1920 ging diese Wahl mit ungefähr 22.000 zu 15.000 Stimmen für Österreich aus. Das war sicher Grund zu einer großen, ehrlichen Freude. Kärnten ist ungeteilt erhalten geblieben, und es ist verständlich, daß eine Tendenz besteht, diesen Tag nicht zu vergessen und daher zu feiern.

Fraglich ist, ob man ihn jedes Jahr feiern muß und vor allem, ob man ihn *so* feiern muß, wie er gefeiert wird. Nämlich, um jetzt Herrn Professor Peter Gstettner zu zitieren, den ich, wenn ich wirklich auf längere Zeit Landeshauptmann wäre, sofort zu einem meiner engsten Mitarbeiter machen würde: er bezeichnet diese Feier als Kriegs- und Siegesfest, und in der Tat stellt man immer wieder einen militärisch sieghaften, triumphhaften Charakter fest. Es wird, wenn ich das mit Georg Kreisler ausdrücken darf, eine „fürchterliche Suppe" gekocht, und diese Suppe wird jedes Jahr von neuem aufgewärmt. Sie ist schon so abgestanden, daß sie wirklich ungenießbar geworden ist. Aber dennoch findet jedes Jahr dasselbe – ich möchte jetzt diesen Ausdruck verwenden – Ritual statt. Ein Ritual, das nicht nur nationale, sondern auch deutschnationale Gefühle züchtet, also in die Nähe eines vergangenen Regimes führt, auf das ich noch kurz zu sprechen kommen werde. Das Ritual besteht insbesondere darin, einen Triumph zu feiern und der angeblich Unterlegenen in der Weise zu gedenken, daß man sagt: Damals seid ihr aufs Haupt geschlagen worden.

Man gedenkt also paradoxerweise eines Tages, durch den Kärnten ungeteilt blieb, in einer Art, die stets aufs neue zu einer Teilung Kärntens führt: in die siegreichen „Deutschen" und in die unterlegenen Slowenen.

Da muß ich nun sagen: So kann dieses Fest nicht gefeiert werden! Denn der 10. Oktober muß uns zuerst Anlaß sein, eine der ungezählten Geschichtslügen, auf denen die Geschichtsschreibung Österreichs basiert, zu korrigieren. Mein Freund Mayr-Harting hat gesagt: „Die Geschichtsschreibung Österreichs ist die Aneinanderreihung von lauter Lügen." Wir verwandeln die Dinge so, wie wir sie brauchen. Die Tschechen waren Hochverräter, sie sind uns in den Rücken gefallen, haben dadurch die Auflösung der Monarchie verursacht, aber der Franz Joseph ist nicht schuld, obwohl er ihnen die Gleichberechtigung 1867 zwar versprochen, dann aber verweigert hat. Die Italiener waren „Katzelmacher", weil sie nicht die Güte hatten, schwarz-gelb zu empfinden, sondern unverschämterweise einen eigenen Staat haben wollten. Wir sind im Zweiten Weltkrieg nicht Mittäter gewesen, sondern lediglich Opfer. Und jetzt sind wir eben, wir Deutschsprachigen, die Sieger, und die Slowenen haben verloren.

Nun, meine Damen und Herrn, mit allem Nachdruck muß gesagt werden – was wir zwar alle wissen, was aber, wo es geht, verschwiegen wird –, daß wir ohne einen beachtlichen Teil der slowenischen Stimmen diese Wahl verloren hätten. Das heißt also, daß die Erhaltung dieses einigen und ungeteilten Kärnten ein Verdienst der deutschsprachigen und ebenso der slowenischsprachigen Kärntner ist. Dementsprechend versteht es sich ganz von selbst, daß dieses Fest von beiden Völkern gemeinsam in Freude, in Liebe, in Toleranz und gegenseitigem Verständnis zu begehen ist. Allein der Gedanke daran läßt aber gewisse Leute in Empörung verfallen. Sie betrachten das als eine Art Hochverrat.

Meine Damen und Herren, ich habe in dem einzigen Gespräch, das ich mit Jörg Haider geführt habe, ihm geraten, er solle doch endlich als Landeshauptmann dieses Fest zu einem gemeinsamen Fest machen, wo es weder Sieger noch Besiegte, sondern glücklich zusammenlebende Menschen gibt. Heuer ist es wieder so gekommen wie jedes Jahr: Auch diesmal wurde ohne die slowenischen Organisationen gefeiert. Und jetzt sagt Haider, er hätte die Slowenen dazu eingeladen, und die Slowenen sagen, daß die Bedingungen, unter denen diese Feier stattfindet, nicht so sind, daß sie daran hätten teilnehmen können.

Natürlich hätte die gemeinsame Feier von der bisherigen Art abweichen müssen. Das haben die Slowenen zu Recht verlangt, aber Haider hat es nicht zugestanden und weist jetzt den Schwarzen Peter (für das Scheitern der Verhandlungen) den Slowenen zu. Welche Rolle aber hätten sie im„ Festzug“ spielen sollen? Höchstens den der gefangenen Äthiopier in Verdis Oper „Aida“.

Was müßte ich als Landeshauptmann tun, um eine gemeinsame Feier zu ermöglichen, damit es eine Brücke zwischen den beiden Völkern gibt, auch, ja gerade an diesem Tage? (Nun kann ich natürlich nicht leugnen, daß ich mich heute nicht nur in die Rolle des Landeshauptmannes versetze, sondern, daß ich diese meine Vorschläge auch vom Standpunkt meines Berufes, also als Psychotherapeut, mache.)

Da setze ich an die erste Stelle – wie ich das immer tue – das menschliche Gespräch. Wir leben in einer Zeit der Sprachnot, der Sprachaustrocknung, wo man kaum mehr miteinander spricht, vor allem, nicht mehr über wichtige Dinge, und umsomehr ist es notwendig, auch hier ein partnerschaftliches Gespräch einzuleiten. Ich stelle mir zum Beispiel vor, daß ich in meiner Funktion als Landeshauptmann zuerst ein Gespräch mit jenen führen müßte, die sich als die fortlebenden, weiterhin abwehrbereiten Menschen bezeichnen und die den Titel „Heimatdienst“ beanspruchen. (Als würden alle anderen nicht der Heimat dienen!) Man müßte diese Menschen fragen, warum sie bis zum heutigen Tag nicht imstande sind, die „schimmernde Wehr“, wenn ich das mit einem altdeutschen Begriff sagen darf, abzulegen. Warum fühlen sie sich verpflichtet, immerzu mit Worten so groß zu tun?

Denn auch ihre Sprache ist unglaublich hart, unversöhnlich, oft sogar ausgesprochen aggressiv.

Wir, vom tiefenpsychologischen Standpunkt, können nur sagen: „Je unsicherer du dich fühlst, je schwächer du in deinem Inneren bist, je intensivere Minderwertigkeitsgefühle du hast, desto mehr brauchst du die Demonstration der Stärke und Macht.“ Man sollte daher versuchen, die Leute zu fragen, warum sie sich denn eigentlich so unsicher fühlen, wovor sie diese ungeheure Angst haben.

Als ich mein Buch „Die Kärntner Seele“ schrieb, habe ich gesagt, die Carinti sind ursprünglich Slawen gewesen. Meine Damen und Herren, wenn Sie ins Telefonbuch schauen, nicht nur in das von Wien, sondern auch in das von Kärnten, dann finden Sie eine Unzahl, ja, vielleicht eine Überzahl von Namen, die auf eine deutliche „Mischung“ hinweisen und damit die Rede von der reinen Deutschtümelei als einen Irrtum ausweisen. Vielleicht wollen die Leute diese Abstammung in ihrem Inneren nicht wahrhaben und ist das der Grund, weswegen sie nach außen hin gegen die Slowenen eine solche überkompensatorische Feindseligkeit an den Tag legen. Vielleicht haben sie Angst, daß ihre Zeit früher oder später vorbei sein könnte, sodaß sie versuchen, das, was vergehen muß, mit Gewalt am Leben zu halten. Denn von Gewalt muß man ja hier sprechen. Sie haben möglicherweise auch das, was der Psychiater Urangst nennt. Und vielleicht versuchen sie, diese Urangst auch in anderen Menschen immer wieder wachzurufen, um dadurch mit ihrer Ängstlichkeit nicht allein zu stehen, vielmehr in der generalisierten Angst untertauchen zu können und dann auch von anderen verängstigten Menschen Unterstützung zu bekommen. Somit ergäbe sich die Notwendigkeit, in Gesprächen zuerst zu zeigen, daß hinter der Aggressivität Angst steckt und weiters, wo die Quelle der Angst zu finden ist.

Ich will Ihnen in diesem Zusammenhang eine kleine Geschichte aus Völkermarkt erzählen. Ich wurde eingeladen, dort in der Neuen Burg einen Vortrag zu halten. Mir schrieben einige Slowenen: „Dort dürfen Sie nicht hingehen, Ringel, denn in dieser Neuen Burg darf ein Slowene nicht sprechen!" Ich konnte das kaum glauben, wollte aber dennoch nicht hingehen. Ich habe es mir jedoch dann überlegt und mir gesagt: „Nein, ich gehe hin und trage als den ersten Punkt meines Vortrages vor, daß es ein Skandal ist, daß hier kein Slowene sprechen darf!" Und siehe da, nach Ende dieses Vortrages – es war viel Stadtprominenz anwesend – kam es zu einer Auseinandersetzung: Erstens, stellte sich heraus, daß ein Slowene dort in der „geheiligten" Volksabstimmungsstadt wirklich nicht vortragen durfte, und, zweitens, beschlossen die Honoratioren, daß dies nun geändert werden müsse, was auch erfreulicherweise geschah! Das ist ein Beispiel dafür, daß man versuchen muß, die Leute ins Gespräch zu bringen, daß man versuchen muß, sie dazu zu bringen, die Faktoren zu entdecken, die sie zu diesem irrationalen und unsittlichen Verhalten veranlassen, sodaß sie dann durch Reduktion der Angst einander näher kommen. – Völkermarkt ist deswegen nicht eingestürzt!

Entscheidend in diesem Konflikt ist auch noch etwas anderes: das „Feindbild" Slowene. Wir wissen von der Tiefenpsychologie: Je weniger wir uns dem eigenen Negativen stellen, desto mehr suchen wir Negatives in den anderen, weil uns das entlastet, weil es uns ermöglicht, der Begegnung mit uns selber auszuweichen und das Recht gibt, diesen „Feind" zu bekämpfen. Das Feindbild Slowene ist durch lange Zeit aufgebaut worden: Man kann sich auf den Slowenen nicht verlassen, man ist von ihm immer bedroht, er ist jederzeit bereit, das Land sozusagen zu verraten und Kärnten wieder in Gefahr zu bringen, geteilt zu werden. Dieses Feindbild ist unhaltbar. Nie seit 1918 ist irgendeine maßgebliche Tendenz festzustellen gewesen, daß die Slowenen von Österreich weg wollen.

Man verweist in diesem Zusammenhang immer auf die Jahre 1944 und 1945. Erstens muß gesagt werden, daß, als Österreich Deutschland angeschlossen war, ein gnadenloser Ausmerzungsfeldzug gegen alles Slowenische geführt wurde. Die Ausrede, das hätten die Deutschen getan, kommt gerade von jenen, die ihre Zugehörigkeit zum deutschen Kulturkreis am meisten betonen, aber just damals nicht mitschuldig gewesen sein wollen. Die Ärgsten waren damals in Wirklichkeit nicht die Deutschen, sondern deutschsprechende Kärntner. Daß sich dann beim Zusammenbruch der Hitlertruppen die Situation änderte und die Partisanen auch Ansprüche auf Südkärnten erhoben, darf wirklich niemanden wundern. Aber es handelte sich dabei nur um eine kurze Periode, und deswegen Partisanen aller möglichen Weltanschauungen, die unter Einsatz ihres Lebens für die Beseitigung der Hitlertyrannei kämpften, zu verachten, ist absolut unzulässig.

Heute droht Jugoslawien zu zerfallen, Slowenien könnte ein eigener Staat werden und dann hätte es sicher weder Kraft noch Lust, die „Heimkehr" Südkärntens zu verlangen. Eher ist es möglich, daß sich dieses Land an Österreich anzuschließen wünscht. Die größte „Gefahr", die von Slowenien ausgehen könnte, wäre, daß wir im Zuge eines eventuellen Bürgerkrieges in Jugoslawien für eine erhebliche Zahl von Flüchtlingen sorgen müßten. – Soweit also zu „Feindbild" und „Gefahr" der Slowenen.

Ich muß aber auch, entschuldigen Sie, zu den Slowenen kommen. Denn ich bin der Meinung, daß die nicht stattfindenden Gespräche nicht nur aufs Konto des Heimatdienstes gehen, sondern leider auch auf das Konto der Slowenen. Das tut mir sehr leid, denn es versteht sich ganz von selbst, daß mein Lebensweg als Psychiater dahin geführt hat, daß ich auf der Seite der Schwächeren stehe und daß ich mich bemühe, immer wieder ihre Partei zu ergreifen. Schauen Sie, ich will jetzt sagen, was ich an den Slowenen zu beklagen habe und muß dem vorausschicken, daß Jörg Haider versucht, drei Arten von Slowenen zu unterscheiden: Erstens, die Windischen. Die sind ipso facto Deutsche und damit gute Menschen. Zweitens, die braven Slowenen. Das sind offenbar jene Slowenen, die sich nicht rühren und den Mund halten. Und drittens, die schlechten Slowenen. Die bringt er in die Nähe von Kommunisten, Partisanen und so weiter. Sie sehen also, die Tätigkeit Haiders besteht darin, die Slowenen „auseinanderzudividieren", nach der Methode „Divide et impera!", „Teile und herrsche!"

Nun muß ich Ihnen aber sagen, daß es wirklich sehr schwer ist, die Slowenen einig zu sehen. Wenn Sie über ein bestimmtes Thema, das ins Politische geht, drei Slowenen befragen, so hören Sie diametral entgegengesetzte Ansichten. Sie können sagen: „Das ist schön, daß sie so individualistisch eingestellt sind." Aber, ich glaube, daß ihnen letztlich dies nicht gut tut. Es wäre wünschenswert, daß sie politisch (nicht auf anderen Gebieten) mehr als Einheit auftreten könnten, wie es zum Beispiel die deutschsprechenden Menschen in Südtirol tun, sodaß an ihnen nicht so leicht vorbeigegangen werden kann. Das ist also der erste Punkt, den ich beklage.

Der zweite Punkt: Es ist ja in Wahrheit in Kärnten in den letzten Jahrzehnten immer so gewesen, daß es zwei Klassen von Menschen gegeben hat: die erstklassigen, die Deutsch gesprochen haben und die zweitklassigen, die Slowenisch gesprochen haben. Das wurde mit allen Kräften initiiert, mit aller Macht propagiert und gefördert. Nun, ich weiß selbst von Slowenen, die ihre Kinder gelehrt haben, sie mögen doch nie mehr ein Wort Slowenisch sprechen, damit sie auch Menschen erster Klasse werden. Ich verurteile diese Leute nicht. Es ist ja menschlich verständlich, und dennoch ist es grundsätzlich flasch! Wenn man von einer bestimmten Gruppe als minderwertig behandelt wird – und das geschieht in Kärnten den Slowenen –, dann darf man sich deswegen nicht minderwertig fühlen. Man muß sich umsomehr zu dem bekennen, was eigentlich das Volkstum ausmacht.

Damit bin ich bei einem ganz entscheidenden Punkt, nämlich bei der Sprache. Sie ist der Urgrund der Kultur und darum sage ich den Slowenen: „Haltet an eurer Sprache fest! Laßt euch nicht von ihr entfremden!“ Es ist ja bekannt, in welcher Weise bei der Bekämpfung der slowenischen Sprache vorgegangen wird, und ich brauche dieses Thema nicht ausführlich erörtern. Ich führe nur die Schulproblematik an.

Den Slowenen wurden vor der Wahl am 10. Oktober 1920 Zettel gegeben. Ihr Tenor: „Wählt österreichisch, ihr werdet es nicht bereuen! Ihr werdet in unserem Lande alle Rechte haben, die Sprache, die Schulen, alles, so, wie es euch gebührt und ihr es wünscht!“ Wenn ich diese Zettel heute lese, und ich habe sie in diesen Tagen in den Händen gehalten, dann werde ich schamrot. Denn die Wahrheit ist, daß alle diese Rechte nicht erfüllt worden sind! Und gleichzeitig wird immer wieder gesagt: „Wir haben alle Verpflichtungen, so wie sie uns der Staatsvertrag auferlegt, gehalten, erfüllt! Daran kann niemand Anstand nehmen!“ In Wahrheit sind wir den Slowenen die Anerkennung, die Gleichberechtigung, die Würde bis zum heutigen Tage schuldig geblieben. Wenn ich der Landeshauptmann wäre, so würde ich mein ganzes Wirken in den Dienst der Idee stellen, ihnen diese Würde der Gleichberechtigung zu geben. Der Staatsvertrag soll ja nicht nur formalistisch, sondern inhaltlich-sinnvoll erfüllt werden.

Nun komme ich zum dritten Punkt, der mir bei den Slowenen Sorge bereitet: Manchmal hat man bei Slowenen das Gefühl, als würden sie sich an ihrer Benachteiligung freuen, als würden sie mit Freude leiden, damit sie sagen können: „Schau an, was wir erdulden müssen!“ Und das ist meiner Meinung nach eine Problematik der Selbstschädigung, über deren Wurzeln ich mir nichts zu sagen erlaube, weil ich sie nicht kenne, die aber aufzudecken, unbedingt notwendig ist. Denn dann könnten die Slowenen endlich überraschend das Gefühl bekommen: „Ich muß ja nicht in dieser Leidensposition bleiben! Es gibt ja Menschen, die an meiner Seite stehen und die versuchen, diese Situation zu verbessern.“ Sie müßten nur zusammenhalten, gemeinsam sein, ihr Minderwertigkeitsgefühl meistern, dann wäre vielleicht die Einstellung, „Wir verdienen ja nichts Besseres“, behoben.

Wenn es also gelänge, mit den beiden Teilen in diesem Sinne zu sprechen, möchte ich glauben, daß es vielleicht schon bei der nächsten Feier möglich sein könnte, den 10. Oktober in größerem Rahmen so zu begehen, wie ich es mir vorstelle, nämlich als eine beglückende Begegnung – um jetzt ein Wort zu verwenden, das in Deutschland von Willi Brandt geprägt wurde, das nur leider nicht eingehalten worden ist – des Zusammenwachsens.

Als Therapeut möchte ich sagen: Wir kennen im Psychodrama, das Moreno erfunden hat, den sehr interessanten Versuch, die Rollen zu tauschen. Ich denke, daß es zumindest theoretisch ein interessanter Versuch wäre, einen solchen Rollentausch durchzuführen. Die Mehrheit soll einmal die Position der Minderheit, die Minderheit die Position der Mehrheit einnehmen. Aus dem könnten wir alle viel lernen. Mein Freund, Peter Turrini, hat im Jahr 1980, also in einigen Punkten etwas überholt, natürlich in ironisch, witziger Form geschrieben, wie er sich das vorstellt:

STIMMUNGSBILDER ZUR LAGE DER DEUTSCHSPRACHIGEN MINDERHEIT IN KÄRNTEN ODER: WIE SIEHT ES AUS, WENN ES EINMAL UMGEKEHRT AUSSIEHT?

1. Das Gesetz zum Schutze der deutschsprachigen Minderheit tritt in Kraft. Die Ansprache in allen öffentlichen WCs ist deutsch.
2. Landeshauptmann Wagner wird Ehrenmitglied des Slowenischen Schafzüchtervereines und bezeichnet sich als hochgradiger Hirtenjunge.
3. Ein Kärntner Landespolitiker versteckt seine deutschsprechende Großmutter im Keller.
4. Alle Partisanen, die gegen den Faschismus gekämpft und damit der Kärntner Heimat einen Dienst erwiesen haben, schließen sich im Kärntner Heimatdienst zusammen. Eine andere Organisation gleichen Namens wird wegen Irreführung aufgelöst.
5. Mit dem Schlachtruf „Ho Ruck übern Loibl" fallen die letzten sieben Mitglieder des Abwehrkämpferbundes in Slowenien ein. Sie werden vom staatlichen jugoslawischen Touristenbüro ins Unterhaltungsprogramm aufgenommen.
6. Herr Feldner, der Führer des ehemaligen Kärntner Heimatdienstes, übersiedelt ins Spandauer Gefängnis. Er wird ständiger Tarockpartner von Rudolf Heß.
7. Eine internationale Kommission untersucht die Lage der deutschsprachigen Minderheit in Kärnten. Der Landespolitiker holt seine Großmutter aus dem Keller.
8. Dr. Mario Brunnenfeld wird zur Attraktion der diesjährigen Urlaubssaison. Mit einem Wikingerhelm am Kopf, aber ansonsten nackt, führt er den ausländischen Gästen einen Bauchtanz vor. Die Darbietung findet täglich in der Fußgängerzone zwischen Altem und Neuem Platz statt, bei Schönwetter. Bei Schlechtwetter in den Schauräumen des Amtes der Kärntner Landesregierung.

9. Am Kartenschalter des Klagenfurter Hauptbahnhofes verlangt ein Reisender eine Fahrkarte, auf deutsch. Die Großmutter des Landespolitikers, die gerade die internationale Kommission verabschiedet hat, gratuliert ihm zu seinem Mut.
10. Unter der Devise, „Fein sein, aufeinander bleiben", starten die Kärtner SPÖ und das Villacher Puff eine gemeinsame Werbekampagne.
11. Kreisky ersetzt seine jüdische Herkunft durch eine slowenische. Der Nahostkonflikt erhält dadurch einen neuen Akzent.
12. In Klagenfurt wird ein deutschsprachiges Gymnasium eröffnet. Die Großmutter des Landespolitikers besteht die Aufnahmeprüfung.
13. Mit dem Lied „Warum ist es am Rhein so schön" geht ein Boot, vollbesetzt mit betrunkenen deutschen Urlaubern, im Wörther See unter. Die slowenische *Kleine Zeitung* bezeichnet diesen Vorfall als unnötige Germanisierung unserer Heimat.
14. Der Pfarrer von Maria Saal fürchtet sich vor der deutschsprachigen Minderheit. Er schlägt den Bau einer Hängebrücke über die Karawanken vor, als möglichen Fluchtweg.
15. Das diesjährige Hirtenwort des Bischofs von Gurk steht unter dem Motto: Slowenisch is beautiful und gottgewollt.
16. Die Großmutter des Kärntner Landespolitikers besteht die Matura im deutschsprachigen Gymnasium mit Auszeichnung und erhält prompt eine Anstellung als Putzfrau in einem Kaufhaus.
17. Herr Horten, der Besitzer des Kaufhauses, kassiert dafür den Vorwurf der Überfremdung durch deutschsprachige Elemente. Er entläßt die maturierte Großmutter, fährt nach Bleiburg und ißt dort demonstrativ Cevapcici.
18. Der Intendant des Klagenfurter Stadttheaters setzt neben Werken von Joze Boschitz, Janko Mess-

ner, Gustav Janus, Marjan Mancek, Florian Lipus Goethes *Faust* auf den Spielplan. Er verteidigt diese deutschfreundliche Maßnahme mit dem Hinweis, daß es sich bei Faust ohnehin nur um die Ergüsse eines alternden Alkoholikers aus Weimar handle.

19. Die deutschsprachige Minderheit soll gezählt werden. Diese Aufgabe wird dem Kärntner Blindenverein übertragen und geht als Volkszählung besonderer Art in die Geschichte ein.

20. Nachdem das Ergebnis der Volkszählung feststeht, wird allen deutschsprachigen Kärntnern das Recht der freien Kulturausübung und freien Meinungsäußerung in der eigenen Badewanne zugebilligt.

21. Bürgermeister Guggenberger hört auf den Rat der Kärntner Slowenen und läßt sich einen serbischen Schnauzbart wachsen.

22. Die FPÖ, früher Faschistische Partei Österreichs, eröffnet eine Filiale in Laibach und erklärt ihre Sympathien für den Sozialismus. Dr. Scrinzi läßt sich in Mao-Look vor einem Titodenkmal fotografieren.

23. Die slowenischen Ortstafeln sollen auch deutsch beschriftet werden. Gott, der auch schon slowenisch angehaucht ist, entfacht einen Sturm, weshalb das ganze unterbleibt.

24. Die verbliebenen deutschsprachigen Kärntner treffen sich zu einer Lagebesprechung im Keller der maturierten Großmutter des Kärntner Landespolitikers. Sie wählen einen Schäferhund zum stellvertretenden Vorsitzenden.

25. Die deutschsprachige Literatur in Kärnten geht in den Underground. Wilhelm Rudnigger wird Chefdissident.

26. Die deutschsprachige Minderheit wird eingeladen, bei den Feiern anläßlich des 10. Oktober mitzumachen. Unter dem Motto „Kärnten frei und ungeteilt“ dürfen sie ihre eigene Kultur und ihre eigenen

Lieder in slowenischen Kostümen und slowenischer Sprache vortragen.
27. Sie verzichten darauf und feiern mit anderen Minderheiten den 11. Oktober.

In all diesen sehr witzigen Ausführungen ist ein schrecklicher Teil Wahrheit über die Situation der Slowenen enthalten. Vielleicht könnte ein solcher Rollentausch schließlich beide Seiten für ein Gespräch miteinander reif machen, weil er die Einfühlung in die Lage des anderen erleichtern würde. Als Landeshauptmann hätte ich ja nicht nur die Aufgabe, mit beiden Teilen liebevoll zu sprechen, sondern es müßte auch mein entscheidendes Ziel sein, den Dialog zwischen beiden Seiten zu ermöglichen. Mit Recht hat Walter Jens gesagt: „Das Gespräch steht als leuchtender Garant für Humanität. Dort, wo Gesprächskultur versiegt, wird die Humanität außer Kraft gesetzt." Daraus kann umgekehrt der Schluß gezogen werden: Wo das Gespräch in Gang kommt, hat die Humanität eine große Chance.

Und jetzt nähere ich mich dem Abschluß. Mein Abschluß ist einer mit Hoffnung. Ich komme noch einmal auf die (Ein-)Teilung von Jörg Haider zurück: Windische, gute Slowenen, schlechte Slowenen. Ich möchte eine andere Dreiteilung vornehmen: erstens, die Heimatdienstleute, zweitens, die Slowenen und drittens – an die möchte ich mich jetzt wenden–, die bis heute schweigende Mehrheit.

Sehen Sie, ich habe in meinem Buch über die Kärntner Seele viele bittere Wahrheiten gesagt, aber ich habe zugleich ausgedrückt, daß ich die Kärntner Seele sehr lieb habe. Ich glaube, daß Kärnten ein Land ist, das freier ist als andere Länder, daß man hier mehr Gefühle zuläßt als sonst in Österreich, weil es lichter und wärmer ist, weil es humorvoll ist, weil es Bewegung zeigt, weil es der Liebe huldigt. Es ist ein

Land, wie ebenfalls in der „Kärntner Seele“ beschrieben, in dem ganz großartige Dichter gewachsen sind, sodaß ich behaupten möchte, wenn man die Kärntner Dichter subtrahiert (Zernatto, Bachmann, Lavant, Turrini, Handke, Musil), dann hat man einen beachtlichen Teil der österreichischen Kunst eliminiert. Das ist auch ein Land, in dem die Kreativität noch Zukunft hat, und sicher nicht zuletzt deshalb, weil es ein Grenzland ist mit allen Schrecken, die ein Grenzland aufweist, aber auch mit allen Hoffnungen, die die Mischung schenkt.

Ich glaube ganz fest an den österreichischen Menschen. Wieso hat sich der österreichische Mensch vom Deutschen abgesondert – für immer, meiner Meinung nach? Eben durch die Mischung mit so vielen anderen Völkern. Und hier in Kärnten spielt sich etwas Ähnliches ab. Wichtig für die Zukunft ist die schweigende Mehrheit, die sich endlich rühren soll. Schweigt nicht! Seid nicht still! Seid dankbar für die Vielfalt, die ihr habt! Bekämpft jede Uniformierung! Jeder Mensch, der anders ist als wir, ist ein Gottesgeschenk! Er drückt die Verschiedenheit aus und Zusammenleben bedeutet dann eben, daß nicht „Inzucht“ betrieben wird. Das gilt in jeder Beziehung, körperlich wie geistig. Statt Inzucht untereinander das Verschiedene kennenlernen! Darauf neugierig sein! Es achten! Und es fördern! Darin besteht meine Hoffnung für die Zukunft.

Natürlich ist es schwer! Denn die Lautesten sind die Heimatdienstler, die Schweigsamsten sind die Slowenen, aber dazwischen ist die Mehrheit, an die ich mich wende. Laßt euch nicht alles gefallen! Zeigt eure Sympathie gerade für die Schwachen! Zeigt eure Sympathie für die Slowenen! Es ist das eine große Aufgabe, die ihr eigentlich alle habt. Heimatdienst, das ist ein Wort, das einen derzeit fast erschlägt. Legt es nicht nahe, daß der, der nicht beim „Heimatdienst“

ist, nicht der Heimat dient? Zeigt einmal, was eigentlich Heimatdienst bedeutet, nämlich gemeinsam in einem Lande zu leben, das wirklich ein schönes Land ist, ein Land wohl wert, nicht daß sich ein Fürst sein unterwinde, wie Grillparzer gesagt hat, sondern, wohl wert, daß Menschen sich bemühen, hier ein menschliches Leben, ein menschliches Miteinander zu ermöglichen.

Meine Damen und Herren, ich muß noch eine Klage anbringen. Es ist für mich schrecklich, sehen zu müssen, daß die zwei starken österreichischen Parteien (Ist die ÖVP in Kärnten noch eine starke Partei?) sich oft bemühen, Haider rechts zu überholen. Das ist für mich ein bedrückendes Erlebnis, besonders, was die Sozialistische Partei betrifft. Sie möge sich sagen lassen: Es ist schon möglich, daß man, wenn man mutig ist, ein paar Stimmen verliert, vielleicht sogar viele Stimmen. Aber Populismus hat sich, wie die Geschichte beweist, immer nur für kurze Zeit gelohnt, à la longue gewinnen die, die eine Idee haben, eine menschliche Idee, und die auch bereit sind, stets für diese Idee einzutreten.

Meine Damen und Herren, an diesem Punkte angelangt, lege ich die Kleider des Landeshauptmannes, die ich „als-ob" getragen habe, wieder ab. Ich denke, daß, wenn der wirkliche Landeshauptmann, Jörg Haider, hier gesessen wäre, er nicht hätte sagen können, daß ich Kärnten auf irgendeine psychiatrische oder tiefenpsychologische Couch gelegt oder daß ich Haß gesät habe. Am Ende möchte ich meiner Hoffnung Ausdruck geben: Daß es vielleicht eines Tages einen Landeshauptmann geben könnte, der so oder so ähnlich spricht, wie ich es jetzt versucht habe zu tun.

Und damit schließe ich: Sie wissen ja, ich bin keineswegs ein abergläubischer Mensch. Daher studiere ich jeden Tag mein Horoskop, und in diesem ist heute gestanden: „Mit einem Vorschlag kommen Sie sehr gut voran. Sie wissen aber auch sehr genau, wie Sie die Dinge derzeit am besten präsentieren." Und wenn das wahr sein sollte, so wäre ich sehr glücklich.

Nachwort zur (leider) nicht gehaltenen Rede des Kärntner Landeshauptmannes

Diese Rede ist die ziemlich genaue Wiedergabe der Ansprache, die ich vor einem vollen Saal bei der erstmaligen gemeinsamen Feier von deutsch und slowenisch sprechenden Kärntnern am 10. Oktober 1990 gehalten habe. Damals wußte ich noch nicht, daß Landeshauptmann Haider bei seiner Rede am Vormittag zum ersten Mal den Anteil der Slowenen am Abstimmungserfolg erwähnte, wofür ihm Dank gebührt. Aber, wo blieb die sich daraus zwangsweise ergebende Änderung der Art des Feierns, ohne die solche Worte nur als ein Lippenbekenntnis bezeichnet werden müssen. Auch die Mitführung eines kleinen slowenischen Chores muß wohl als reine Alibihandlung bezeichnet werden.

Ich wußte aber, daß der Landeshauptmann bei seiner Ansprache gegen mich Stimmung gemacht hatte, weil ich diese Passage während meiner Fahrt nach Klagenfurt im Autoradio hörte. (Später erfuhr ich, daß Haider am Vortag bei seiner Rede am Zollfeld noch deutlicher war, wobei er von einem Psychologen sprach, der sich im Kreise ringelt.) Ich maß diesen Drohungen keine Bedeutung bei, erwähnte sie in meiner Rede nicht einmal, sollte aber bald eines Besseren, beziehungsweise eines Schlechteren belehrt werden. Denn beim Verlassen des Gewerkschaftshauses wurde ich von drei Männern verbal attakiert, die ich auf Grund ihrer Ausdrucksweise nicht gerade den oberen Schichten zugeordnet hätte, von denen sich aber zumindest zwei (Vater und Sohn) als Jusdoktoren entpuppten. Der eine sagte: „Da kommt die

Drecksau, ich erkenne ihn schon, den spuck' ich jetzt an. Aber nein, ich tu' es nicht, meine Spucke ist mir zu schade für den." Ich konnte unbeschadet mein Taxi erreichen, aber mein Beschützer Dr. Dotter, ein Veranstalter unserer Feier, wurde mit einem Kinnhaken „bedacht".

In Beurteilung dieses Geschehens bleibe ich bei meiner Feststellung, die ich bereits unmittelbar nach der Attacke so formuliert habe:
Erst gegen einen Menschen hetzen, dann aber dem Opfer die Schuld zuschreiben, das habe ich in meinem Leben nur einmal erlebt: in der NS-Zeit.

Christentum und Antisemitismus sind unvereinbar

Ich beginne mit der grundsätzlichen Feststellung, daß man Österreich nicht nur als eine Brutstätte der Neurose bezeichnen kann, wie ich das in meinem Buch, „Die österreichische Seele“, getan habe, sondern, daß man leider, konsequenterweise Österreich auch als eine Brutstätte des Antisemitismus – und dies seit vielen Jahrzehnten, vielleicht sogar Jahrhunderten – bezeichnen muß. Warum, meine Damen und Herren, diese Parallele?

Der Antisemitismus ist eine „Erkrankung“. Der Jude wird von diesen kranken Menschen benötigt, damit sie sich ihm gegenüber solidarisieren. – Das nennen wir den Solidarisierungseffekt. Dadurch wird bezweckt, daß die eigenen Minderwertigkeitsgefühle und die eigenen Schwächegefühle – wohl gemerkt: in der Menge – überwunden werden sollen und zwar gegenüber einem „schwachen“ Gegner.

Der Antisemitismus wird aber auch benötigt, um das zu erreichen, was wir als Differenzierungseffekt bezeichnen. „Die Juden sind anders als wir! Die sind fremd und wir sind also die Eigentlichen, die Einheimischen, die Gstandenen.“ Das heißt, der Antisemitismus dient hier zur Abgrenzung.

Und der Antisemitismus wird benötigt, um das eigene Versagen zu tarnen, indem man einen Sündenbock findet, auf den alle Schuld abgewälzt werden kann. Das ist mit unglaublich „logischen“ Argumenten begleitet, wie Sie sich vielleicht noch aus einer unseligen Zeit erinnern. „Wer ist schuld daran?“ „Der Jud.“ „Warum?“ „Weil 's wahr ist.“. Hier haben Sie ein Musterbeispiel des kurzschlußartigen, nichtssagenden Denkens, das hinter solchen gefühlsmäßigen Reaktionen steht.

Nun könnte man aber das, was ich bisher gesagt habe, gegenüber jeder Minderheit zur Anwendung bringen, weil die Minderheit immer geeignet ist, daß sich die Menge ihr gegenüber solidarisiert, daß sie zur Differenzierung und als Sündenbock benützt wird. Das ist richtig. Aber, meine Damen und Herren, der Jude „bietet" noch viel mehr für die Krankheit Antisemitismus. Damit behaupte ich, und darin sind viele Forscher mit mir einig, daß der Antisemitismus sich von jeder Fremdenfeindlichkeit, Ausländerfeindlichkeit noch wesentlich unterscheidet, nämlich dadurch, daß der Jude als Symbol dient. Er ist gleichsam Symbolträger – ich bringe zunächst nur zwei Punkte –, Symbolträger des Geistes, Symbolträger des Geldes.

Lassen Sie mich die „Krankheit" Antisemitismus näher betrachten und zu diesem Zweck die Entwicklung dieser kranken Menschen. Das erste Charakteristische, das ins Auge fällt, ist das Minderwertigkeitsgefühl. Darüber habe ich schon gesprochen. Das zweite Charakteristische, das in der Entwicklung dieser Menschen ins Auge fällt, ist die Aggression. Beides sind Charakteristika, die die neurotische Entwicklung von Menschen kennzeichnen. Das Wichtigste dabei aber ist die Aggression. Wer seine Eltern hassen lernt, und das ist der Ursprung jeder Neurose, der lernt die ganze Welt hassen. Und vor allem braucht er Menschen, denen gegenüber er diese Aggression, diesen Haß ausdrücken darf, und den Eltern gegenüber durfte und darf er sie ja nicht zeigen. So wartet er auf Opfer, an denen er die Aggression „ausagieren" kann, und so entsteht der Haß, so entsteht aber auch diese entsetzliche Eigenschaft des Neides auf alle, die es besser haben, die wir dann bei Erwachsenen festellen können.

Hier kommt der Jude als Symbol des Geistes ins Spiel, den diese anderen nicht haben und den sie so sehr und so schmerzlich vermissen. Und von diesem

Nichthaben, haben sie eine dunkle und schreckliche Ahnung, daher der Neid.

Und hier kommt auch das Symbol des Geldes ins Spiel. Historisch ist es so, daß den Juden nur ganz wenige Berufe zugestanden worden waren, eben Berufe, die eher einen anrüchigen Charakter hatten, zum Beispiel das Handeln. Obwohl man sie von vielen Berufen ausgeschlossen und ihnen eben nur gewisse Berufe zugestanden hatte, hat man gesagt: „Das sind schlechte, schmutzige Menschen, denn sie beschäftigen sich mit Dingen, die für uns unanständig sind.“ Bei dieser Gelegenheit möchte ich betonen, daß es ein großes Glück ist und immer noch für viele Menschen unfaßbar, wie in Israel die Juden beweisen, daß – wenn man sie beruflich machen läßt, was sie wollen – sie sich in jedem Beruf, und keineswegs nur in dem Beruf des Händlers, bewähren können. Sie wissen, daß es ungezählte sehr arme Juden gibt. Aber in der Vorstellungswelt der anderen sind sie immer die Reichen, die Geldverleiher und Wucherer, sind sie die, die immer alles haben, sind sie die, die die Macht der Welt in ihren Händen halten. Hier sehen wir also, wie sehr die Symbolik des Juden dem Haß und Neid Nahrung gibt.

Jetzt komme ich zu einem weiteren, dritten Symbol, für das die Juden herhalten müssen, und das ist vielleicht das entscheidende Symbol dafür, daß es in Österreich so einen Antisemitismus gibt: Der Jude ist das Symbol des auserwählten Volkes. Meine Damen und Herrn, ich denke jetzt mit Bewegung an Friedrich Heer, der das wunderbare Buch „Gottes erste Liebe“ geschrieben hat. Die Juden sind das ursprünglich auserwählte Volk. Gestatten Sie mir die tiefenpsychologische Überlegung: Vielleicht hat Gott eines Tages das Unrecht eingesehen, nur ein Volk auserwählt zu haben, vielleicht hat er begriffen, daß man alle Völker auserwählen müßte. Vielleicht ist deswegen Christus gekommen. – „Gehet hin und lehret alle Völker!“ „Alle Völker“, dadurch ist ein unendlicher Zwiespalt zwischen Christen und Juden entstanden. Die Juden wollten weiter das einzig auserwählte Volk bleiben. Die Christen wollten nicht akzeptieren, daß es ein erstes auserwähltes Volk gegeben hat, eben die Juden. Das ist, meiner Überzeugung nach, ein Spannungspunkt bis zum heutigen Tag.

Sigmund Freud hatte eine eigene und eigenartige Theorie des Antisemitismus. Er hat gesagt: „Die Völker sind mit Gewalt aus dem Heidentum christianisiert worden.“ Ein wahres Wort! Die Völker haben es nie ganz verwunden, bis heute nicht, daß sie gewaltsam christianisiert worden waren. Sie wollten sich dafür an den Christianisierern rächen. Das konnten sie aber nicht, weil die Christianisierer zu stark waren, und daher haben sie sich an den schwachen Vorfahren der Christen, eben an den Juden, gerächt. Diese Theorie scheint mir interessant. Aber ich bin überzeugt, daß das, was ins Gewicht fällt, die Symptomatik des Neides gegenüber dem ersten auserwählten Volk ist. Das ist das Entscheidende, mit dem wir es hier zu tun haben.

Ich muß als Christ mit der tiefsten Betrübnis sagen, daß die Wurzeln des österreichischen Antisemitismus jahrhundertelang im Christentum gelegen sind, in der Tatsache, daß das Christentum in systematischer Art und Weise die Juden verteufelt hat. Sie seien die gewesen, die unseren Herrn ans Kreuz geschlagen hätten und das müßten sie eben büßen. Meine Damen und Herren, dieser christliche Antisemitismus hat jahrhundertelang entsetzliche Früchte getragen. Als Beispiel seien die Märchen und Legenden von den Ritualmorden angeführt. Denken Sie nur, welche Mühe es den tapferen Bischof von Innsbruck, Stecher, gekostet hat, endlich diese Erfindung als Lüge aufzudecken und zu beseitigen. Aber in vielen Herzen lebt diese Lüge weiter. Wir müssen eingestehen, meine Damen und Herren, daß das Christentum bis in unsere Tage hinein – ja, ich traue mich das gar nicht zu sagen – mit Wonne und Lust an der Verfolgung des Judentums teilgehabt hat, sie gebilligt hat, zugeschaut hat. Das Christentum hat nicht intensiv genug jene Maßnahmen ergriffen, die nötig gewesen wären, um klarzustellen, welches ungeheure Unrecht hier immer wieder von neuem geschehen ist und geschieht.

Ich möchte daher an dieser Stelle sagen: Christus war und bleibt ein Jude. Und das Christentum ist in allem eigentlich eine jüdische Religion. – Wenn Sie so wollen, vielleicht eine Form, in der das Judentum, religiös gesprochen, die Welt erobert hat.

Aber natürlich gibt es auch entscheidende Unterschiede, zum Beispiel, daß wir Christen glauben, Jesus ist der Erlöser und daß die Juden glauben, daß der Erlöser nicht gekommen ist. Wenn ich mit Juden über dieses Thema spreche, so sagen sie immer wieder: „Lieber Ringel, schau dir doch die Welt an. Du glaubst wirklich, daß die Welt erlöst worden ist? Ist nicht diese Welt, wie sie da ist, und wie sie diese Christen gestalten, ein Beweis dafür, daß der Erlöser nicht gekommen ist?" Dann muß ich mit Nölle Neumann zugeben: „Die Christen schauen nicht erlöst drein, sondern sehr unerlöst, und die Welt schaut auch sehr unerlöst aus." Das ist leider eine Tatsache.

Aber man darf über das Trennende nie das unendlich Verbindende aus den Augen verlieren! Wenn man heute von der ökumenischen Bewegung spricht, dann meint man damit, daß das gespaltene Christentum doch endlich versuchen müßte, wieder zu einer Einheit zu kommen. Meine persönliche Überzeugung ist, daß wir, bevor wir die Vereinigung der Christen versuchen, und die sollen wir versuchen, daß wir vorher uns bemühen müssen, eine schicksalhafte Annäherung zwischen Christentum und Judentum zu bewerkstelligen. Das ist die erste Aufgabe, die wir haben. Wir müssen aufeinander zugehen!

Bei dieser Gelegenheit möchte ich Sie darauf aufmerksam machen, daß wir Christen heute gern und immer wieder sagen: „Altes und Neues Testament gehören zusammen." Und sie gehören in der Tat zusammen! Aber in Wahrheit ist das ja gar nicht unsere Ansicht! Der Christ sagt: „Das Alte Testament, das ist ja nicht so gut, das gute Testament ist das Neue Testament. Mit ihm ist das Alte Testament eigentlich überholt." Wie können wir übersehen, daß wir eine gewisse Verachtung des Alten Testaments lehren, statt zu begreifen, daß wir wirklich zueinander gehören! Bitte, denken Sie an Christus. Ich sage nicht, an die Kirche. Denken Sie an Christus. Er war ein Mann, der den Frieden, die Versöhnung, die Güte, die Barmherzigkeit in einer unübertrefflichen Weise gelehrt hat. Wie kann sich einer nur eine Sekunde lang einen Christen nennen, wenn er auch nur geringste feindliche Gefühle gegen die Juden hat?! Ich möchte sagen, Feindschaft gegen die Juden ist mit dem Christentum vollständig unvereinbar!

Und wenn wir hier in diesem Land, das sich christlich und katholisch nennt, nein, schimpft, wenn wir in diesem Land einen so großen Antisemitismus haben, so ist das der klare Beweis dafür, daß unser Christentum eine Scheinreligion ist und wir nicht begriffen haben, was eigentlich Christentum beinhaltet und ausmacht. Friedrich Heer, den ich heute schon einmal zitiert habe, hat von den schlimmen Taten des österreichischen Katholiken Adolf Hitler gesprochen. Dieser Satz scheint im ersten Augenblick paradox, und doch ist sehr viel Wahres darin.

Es ist erfreulich, jetzt Ansätze zu sehen, dies einzugestehen, daß Christentum und Antisemitismus unvereinbar sind und dies zu bekennen. Jeder, der mich kennt, weiß, daß ich kein Fan des jetzt regierenden

Papstes bin. Das hat viele Gründe, die ich hier nicht ausführen möchte. Es schien mir eine gute Geste, wenngleich auch nur eine Geste, daß der Papst die Synagoge in Rom besuchte und es dort zu einer Begegnung kam, bei der der Rabbiner nicht mit kritischen Bemerkungen sparte, zu denen er, weiß Gott, allen Grund hatte. Aber es kam zu einer, möchte ich sagen, historischen Begegnung – ein Hoffnungsschimmer neuen Geistes.

Es ist jedoch leider ein erster Brückenschlag geblieben. Dieser Hoffnungsfunke ist in der Zwischenzeit längst wieder vom Papst selber ausgelöscht worden. Ich denke da an die klägliche Art, in der versucht wurde, das Auschwitzgedenken durch Errichtung eines Klosters in die alleinige Obhut der katholischen Kirche gelangen zu lassen; oder an die versäumte Gelegenheit beim Papstbesuch in Mauthausen, als der Papst nur versicherte, daß die Kirche nicht für die Errichtung der KZs verantwortlich gemacht werden könne, statt die Mitschuld der Kirche an der Vernichtung von Millionen Juden und Andersdenkenden gerade an dieser Stelle mit tiefer Reue einzugestehen.

Wir in Österreich sollten das erkennen, und wir müssen bekennen, daß eine wesentliche Wurzel des Antisemitismus, ganz besonders des österreichischen Antisemitismus, in einem pervertierten Christentum liegt. Und hier wäre für alle, meine Damen und Herren, eine ganz große Aufgabe: Halte Einkehr, betreibe Umkehr, besinne dich und gib die Hand dem jüdischen Bruder.

Den zweiten Teil meiner Ausführungen stelle ich unter die Frage: Welchen Anteil haben wir an den schrecklichen, antisemitischen Handlungen während der nationalsozialistischen Zeit gehabt?

Ich beginne mit einer Geschichte aus meinem eigenen Leben. Wir waren 27 Schüler in meiner Klasse des Akademischen Gymnasiums. Über Nacht, am

12. März, sind wir nur mehr 12 gewesen. Das heißt, vom 12. März an durften 15 unserer Mitschüler – von den Professoren will ich jetzt nicht sprechen – nicht mehr den Boden der Schule betreten, der geheiligten Schule, in der sie jahrelang lebten und oft die Besten waren.

Meine Damen und Herren, ich will aus diesem eben einfach hingesprochenen Satz, der aber von einem Ereignis berichtet, das ich nie in meinem Leben vergessen werden, nur zwei Schlußfolgerungen ziehen, obwohl man daraus und aus dem, was ich vorher gesagt habe, noch sehr viele andere ziehen könnte:

Da soll doch kein Mensch auf Gottes Erdboden, der hier gelebt hat, sagen: „Ich habe nicht gewußt, daß dieser Hitler so ein Judenfeind ist." Wir mußten doch das alle sehen! Es wurde vor unseren Augen demonstriert! Und trotzdem gibt es heute Leute, die sagen: „Ich habe nichts gewußt." Gut, sie haben „Mein Kampf" nicht gelesen, wo schon zu lesen war, daß das Judentum ausgerottet werden muß. Aber sie müssen doch von den Nürnberger Gesetzen gehört haben, und sie müssen doch gesehen haben, daß die Juden nicht mehr in die Schulen gehen durften, daß sie nicht mehr in die Parks und Gärten gehen durften, daß sie keine Straßenbahn benutzen durften, kurz, daß sie Verfehmte waren und schließlich auf einmal verschwanden. Das hat niemand gesehen, das hat niemand gewußt??? Verstehen Sie, es ist nicht zu fassen, es ist wirklich nicht zu fassen, daß es Menschen geben kann, die eine solche Behauptung aufstellen!

Dann kommen welche und sagen: „Ja, das haben wir schon gesehen, daß sie gedemütigt werden, aber, daß sie umgebracht werden, das haben wir nicht gesehen." Aber, meine Damen und Herrn, mit dieser Demütigung hat ja alles begonnen. Da darf man wohl nicht bis zur Ausrottung warten! Wenn ich ein Mensch bin, muß ich erkennen, daß schon vor der Ausrottung ein Unrecht ohnegleichen geschehen ist, das zu bekämpfen, man verpflichtet war.

Jetzt komme ich zur zweiten Schlußfolgerung aus meinem kleinen Bericht aus dem Akademischen Gymnasium. Die ist nämlich die, daß wir 12, die wir überblieben – ja, ich weiß jetzt nicht, welchen Ausdruck ich verwenden soll –, daß wir allesamt unanständig waren. Denn, meine Damen und Herren, ich sage es Ihnen mit schonungsloser Selbstkritik, und die schließt meine eigene Person ein: Wir haben alle gespürt: „Du dürftest eigentlich nicht zur Schule gehen, denn hier geschieht ein Unrecht, und du darfst nicht der Nutznießer dieses Unrechts sein!" Wir haben uns aber dennoch unseren „Ariernachweis" besorgt und sind weiter zur Schule gegangen! Wir waren in der 7. Klasse und haben uns gerechtfertigt: „Wir sind so knapp vor der Matura, wir müssen dieses Ziel erreichen."

Wir haben uns damit, das steht außer Zweifel, schuldig gemacht. Wie man überhaupt in einer scheinbar übertriebenen, aber leider wahren Formulierung sagen muß: „Jeder, der die Nazizeit überlebt hat, hat sich ins Unrecht gesetzt, denn er wäre eigentlich verpflichtet gewesen, so Widerstand zu leisten, daß ihn die Nazis umgebracht hätten." Und vielleicht, wenn viele aufgestanden wären, hätte sich das Wunder ereignen können, daß die Nazis keinen umgebracht hätten, weil sie dazu nicht im Stande gewesen wären. So aber blieben wir einzeln, allein, jeder auf einen Widerstand sinnend, das kann ich von meiner Klasse sagen, aber doch auf einen Widerstand, der uns selbst von einer gewissen Schuld, die wir auf uns geladen haben, nicht befreit. Ja, der Satz eines weisen Politikers stimmt schon: „Wer im Dritten Reich gelebt hat, kann nicht schuldlos geblieben sein, auch der Beste nicht." Ich möchte jetzt ein Gedicht von Friedrich Torberg vorlesen:

UND DU WEISST ES NICHT

Bruder, du hast vielerlei verbrochen
und du weißt es nicht.
Doch das Urteil ist schon längst gesprochen.
Längst erlosch dein Licht.

Und du gehst einher auf glatten Wegen,
ahnungslosen Schritts,
und kein Donner dröhnt dir je entgegen
und dich trifft kein Blitz.

Gehst einher, und keins von den Skeletten
hebt die Hand und droht.
Bruder, hättest manche können retten
und nun sind sie tot.

Bruder, ach, du hättest müssen wachen
und du hast geträumt.
Hättest müssen rasche Schritte machen
und du hast gesäumt.

Wollt so manche Liebe sich bekennen
und sie war zu scheu.
Wollt so mancher dich beim Namen nennen
und du gingst vorbei.

So viel Lächeln, Bruder, so viel Leben
hat an dich geglaubt.
Und nun hängt 's wie tote Spinnenweben
über deinem Haupt.

Raff zusammen, wessen du dich brüstest:
Bruder, nichts besteht.
Und du weißt es nicht, und wenn du 's wüßtest
wär es längst zu spät.

Aber einmal, gräßlich hochgerissen
in ein Dunkel, dem du nicht entweichst,
wirst du alles wissen –
und dein Atem stockt, und du erbleichst.

Lassen Sie mich meiner unvergessenen Freundin, der Dorothea Neff, gedenken. Ich war bei ihrer Ehrung im Akademitheater zugegen, und da hat der damalige Unterrichtsminister Fred Sinowatz, für mich unvergeßlich, gesprochen: „Die Leute haben nachher gesagt: ‚Ich hab' ja nichts getan.' Und sie haben nicht begriffen, und sie begreifen es bis zum heutigen Tage nicht, daß in diesem ‚Ich hab' ja nichts getan.' in Wirklichkeit eine furchtbare Anklage drinnen ist." Nein, er hat nichts getan, um sie zu töten, aber er hat nichts getan, um sie zu retten. Er hat ihnen den Beistand nicht gegeben. – „Bruder, hättest manche können retten ..." – Und sehen Sie, meine Damen und Herren, diese Mahnung, dieser Vorwurf, schwebt über uns allen.

Wenn man jeden bittet, ich sage ausdrücklich, bittet – und ich werde später auf dieses Wort zurückkommen –, wenn man jeden bittet: „Denke nach, wie das damals war, und begreife wenigstens jetzt, was du hättest tun müssen!", kann man hören: „Ja, es hat aber auch gute Menschen gegeben." Selbstverständlich. Das sei nicht bestritten! Und Ehre diesen Menschen! Erika Weinzierl hat ein großartiges Buch geschrieben, und sie hat dieses Buch „Zuwenig Gerechte" genannt. Aber, in diesem Titel steckt ebenfalls die Selbstkritik. Die Tatsache, daß es – Gott sei Dank! – Gerechte gegeben hat, aber leider zu wenig, viel zu wenig – enthebt uns nicht der Pflicht, daß wir alle – wirklich alle – uns besinnen müssen!

Ich habe neulich folgenden Dialog Himmlers mit seinen Hauptführern gelesen und zitiere sinngemäß. Es fragt einer: „Müssen wir denn die Kinder und die Frauen auch ausrotten?" Die Antwort Himmlers: „Ja, so schwer das fällt, das müssen wir tun. Wir müssen den letzten Funken Mitleides aus uns herauspressen, wegstoßen. Nur dann können wir diese Aufgabe erfüllen. Denn solange eine Frau am Leben bleibt, kann sie einen Menschen zeugen, der morgen oder übermorgen an uns Rache nimmt, und das muß verhindert werden, und deshalb muß das ganze Judentum von der Erde verschwinden." Meine Damen und Herren, wenn Sie über dies nachdenken, dann hoffe ich, daß es keiner Filme bedarf, um zu verstehen, daß wir unsere Beteiligung daran in dieser oder jener Form, aus diesem oder jenem Motiv vor uns selber (und vor niemandem sonst) bekennen müssen.

Ich komme jetzt auf etwas zu sprechen, das manche, ich fürchte, viele unangenehm berühren wird. Man kann sehr oft hören: „Ja, ich habe ja auch einen Sohn verloren, den mir der Hitler ermordet hat (zum Beispiel) bei Stalingrad." Mir scheint das, worüber ich jetzt sprechen will, ein unerhört kompliziertes Problem zu sein. Man muß Ehrfurcht vor der Not und dem Gewissen jedes einzelnen Betroffenen haben, aber dennoch muß ich Sie bitten, mit mir weiterzudenken. Wenn man einen bei Stalingrad verliert, der ein Anhänger Hitlers war, so kann man sagen „Er ist für seine Idee gefallen." Aber, es gibt auch Menschen, die bei Stalingrad zugrunde gegangen sind, die als Gegner Hitlers in die Wehrmacht hineingezwungen worden waren. Daraus, daß sich einer dem Zwang fügte, kann man ihm keinen Vorwurf machen. Er hatte verständlicherweise nicht die Kraft gehabt, ein Märtyrer zu sein, und also hat er die Uniform angezogen und ist für einen gefallen, den er gehaßt hat. Welche Tragik! Er hatte die Uniform einer Armee akzeptiert, die in ganz Europa räuberisch eingefallen ist, die die Länder zerstört und zertrampelt, verbrannt hat, die dort, wo sie hinkam, Millionen Menschen – und nicht nur Juden! – ausgerottet hat.

Konnte ein russischer Soldat, der verzweifelt um die Erhaltung seiner Heimat kämpfte, in das Herz dieses Menschen hineinsehen? Wäre das möglich gewesen, hätte er etwa so denken müssen: „Du, Freund, du bist zwar im Grunde kein Gegner von mir. Du willst ja gar nicht kämpfen! Aber du kämpfst eben doch! Du schießt, du bist der Räuber, der Eindringling in unserer Heimat, und daher muß ich auch dich, so leid es mir tut, bekämpfen!" Man wird sich vor dem Schmerz aller Angehörigen beugen, aber – das muß man doch um Gottes willen verstehen! – es ist eben ein Unterschied, ob einer die Uniform nicht angezogen hat oder ob er sie angezogen hat. – „Du bist unwillig gegangen, aber du hast es doch getan." Dieses Getanhaben hatte in vielen Fällen nicht nur schreckliche Folgen für die, denen etwas angetan wurde, für die überfallenen Länder, die Juden und die anderen sogenannten Untermenschen, sondern in zunehmendem Maße auch für die, die das getan haben, die da eingefallen sind wie die Räuberhorden.

Ich werde nie die Szene in einem Club 2 vergessen, als eine Frau sagte: „Nach Stalingrad, hab' ich erkannt, daß das ein böser Krieg war." – „Wieso nach Stalingrad?" – „Ja, da kam der Krieg jetzt Schritt für Schritt näher zu uns, zuerst das Bombardement, dann die feindlichen Truppen, bis dahin standen wir ja tief in Feindesland, da war das ein guter Krieg." Sehen Sie, meine Damen und Herren, man kann nicht Erfolg und Mißerfolg zur Grundlage der Moral machen!

Da ich jetzt so intensiv an die damalige Zeit denke und daran, wie sich die Menschen verhalten haben, erstehen vor mir Bilder von starker Intensität. Da sitzen die einen vor diesem kleinen Volksempfänger und hören die grauenhafte Melodie aus „Les Préludes" zu den Sondermeldungen der deutschen Wehrmacht. Seit damals kann ich die Lisztkomposition nicht ertragen – bis zum heutigen Tage. Ja, ich sag 's, so wie es ist: Ich zitterte vor dieser Melodie. Warum zitterte ich? Weil sie wieder einen tatsächlichen oder vorgetäuschten Erfolg Hitlers verkündete.

Und da saßen viele und hörten und beteten, daß der Hitler wieder einen Schritt vorrückt. Und auf der anderen Seite saßen Menschen in dunklen Räumen, lauschten der Stimme aus England, fürchtend, daß sie überrascht werden und ins Zuchthaus, ins KZ oder an den Galgen gebracht werden könnten, und sie beteten für jeden Millimeter, den die alliierten Truppen eroberten, um das Unheil, das über die Welt gekommen war, endlich zu beenden. Meine Damen und Herrn, diese schicksalhafte Zeit wirkt sich bei mir – und nicht nur bei mir – bis zum heutigen Tag aus, zum Beispiel so: Sobald ich mit einem Menschen, der jene Zeit erlebt hat, spreche, weiß ich in kurzer Zeit, ob er damals beim Volksempfänger oder ob er bei den Apparaten gesessen ist, mit denen man England empfangen konnte. So ist es eben.

Kein Vorwurf. Noch immer kein Vorwurf, aber man muß doch wenigstens jetzt über diese Dinge nachdenken! Man muß sich überlegen: „War das richtig, daß ich für den Sieg Hitlers gebetet habe?" Es gibt so unendlich viele Österreicher – es muß ja ausgesprochen werden –, für die Hitler bis heute nur ein einziges Verbrechen begangen hat, nämlich daß er sich nicht als größter Feldherr aller Zeiten erwiesen, sondern den Krieg verloren hat. Und wenn er den Krieg gewonnen hätte, so würden sie auch heute, wir haben es vor einiger Zeit aus Kärnten gehört, bereit sein, wieder nach Rußland zu marschieren. Man versprach ja dem Haider die Gefolgschaft, nicht nur bis Wien, sondern wieder bis Rußland hinein.

Warum verharren so viele ewig in ihrer früheren Einstellung? Warum kann ich heute noch erkennen, wo ein anderer damals stand? Warum ist es nicht möglich, 40 Jahre und mehr zu nützen und aus der damaligen Fixierung auszubrechen? Das müßte doch möglich sein! Das ist das eigentliche Problem der Vergangenheitsbewältigung. Wo war ich? Wo bin ich gestanden? War das richtig? War das falsch? Und dann die Konsequenzen daraus ziehen. Ich sage immer: „Irren ist menschlich, und irren ist eine göttliche Gabe, wenn – aber nur, wenn – man aus dem Irrtum lernt." – Wenn man also erkennt, das war ein Fehler und mehr als ein Fehler, das war schlimm und man dann beginnt, einen neuen Weg einzuschlagen.

Den dritten Teil meines Vortrages widme ich der gegenwärtigen Zeit. Wie ist die Lage heute? Gibt es keinen Antisemitismus mehr?

Ich habe mir, als ich mich auf diesen Vortrag vorbereitete, die IMAS-Untersuchung aus dem Jahre 1973 und die Untersuchung von Hilde Weiss, 1987, angeschaut. Ich gehe hier nur näher auf die IMAS-Untersuchung ein, die von Weiss kommt zu sehr ähnlichen Resultaten. Es sagten 21 % der Befragten, daß sie sich wünschten, es gäbe keine Juden mehr in Österreich. 21 % der Befragten! Dazu eine Feststellung, meine Damen und Herren: Es gibt fast keine Juden mehr in Österreich. Es gibt nicht einmal 10.000. Sie sehen, es ist also wirklich so: Der Antisemit braucht gar keinen Juden. Den benötig er nicht, er ist auch ohne ihn antisemitisch. Das zeigt den irrationalen Charakter dieser „Krankheit".

Ich erinnere mich gerade – und dies ist ein weiteres Beispiel für diese Irrationalität –, daß im Jahre 1936 in einer Nürnberger Zeitung die Bauern gewarnt wurden, einen bestimmten Stier als Zuchtstier zu benützen, denn dieser Zuchtstier sei über zehn Jahre in jüdischem Besitz gewesen! Das ist natürlich zwar oberflächlich zum Lachen, aber tiefer gesehen zu einem unbeschreiblichen Weinen. Denn so etwas hat die Wirklichkeit, den Alltag bestimmt und tut es leider zum Teil auch heute noch!

35 % der Befragten haben angegeben, daß sie sich nicht vorstellen könnten, einen Juden zu heiraten, und 45 % haben sinngemäß gesagt: „Wenn der Jude

noch so nett, freundlich und wohltätig zu dir ist, vergiß nie, daß es sich um eine Taktik handelt, daß er dich mit diesem Wohltätigsein lediglich übernehmen will." Bei diesem Resultat ist mir der wunderbare Satz von Jakob Wassermann, der für mein Leben eine so große Rolle gespielt hat, eingefallen: „Du kannst für sie tun, was du willst, sie werden immer sagen: Er ist ein Jude." Als Wassermann sein unvergeßliches Werk über die Geschichte eines jungen Menschen in Nürnberg („Kaspar Hauser") geschrieben hatte, der verwahrlost aufgefunden wurde, und niemand wußte eigentlich von wannen er kam, bis er schließlich ermordet wurde, da haben die Deutschen gelästert, das sei ein Buch, welches deutsche Volksgeschichte nachahme, aber im Grunde sei es nicht echt. Es sei nur Anpassung, jüdische Heuchelei und Tarnung.

Als ich meine „Neue Rede über Österreich" gehalten habe, da habe ich darin formuliert: „Der Antisemitismus ist als die Krankheit schlechthin des Österreichers zu bezeichnen." Mittlerweilen sind fast alle Fernsehstationen Europas zu mir gekommen, haben auf diese Stelle hingewiesen und gefragt: „Herr Professor Ringel, wieso haben Sie das so voraussagen können?" Ich muß leider eingestehen, das war überhaupt keine Leistung. Wer Ohren hat zu hören, wer Augen hat zu sehen, der weiß, wie es hier aussieht, der begreift, was um uns geschieht.

Jetzt komme ich an einen Punkt, wo ich keinen Millimeter zurückweichen kann. Es wird oft über mich und natürlich auch über andere gesagt, zum Beispiel über Thomas Bernhard: „Ja, Ihr seid doch maßlose Übertreiber!" Wenn ich jetzt mein Buch, „Die österreichische Seele", wieder lese, so muß ich feststellen: Ich war darin ein grenzenloser Untertreiber. In meinen düstersten Phantasien hätte ich mir nicht vorstellen können, was vor einiger Zeit an Antisemitismus wieder über uns hinweggebraust ist.

Ich greife jetzt nur ein paar Punkte heraus: Ich hätte mir nie vorstellen können, daß ein Mann, der auf die Frage, „Was ist Trauerarbeit?“, die Antwort gibt, „Was ist das? Ich kenne diesen Begriff nicht.“, daß ein solcher Mann mit deutlicher Mehrheit zum Bundespräsidenten Österreichs gewählt werden würde. Meine Damen und Herrn, diese Tatsache – das sage ich an dieser Stelle ausdrücklich – müssen wir als Demokraten anerkennen. Aber die Frage ist, hat er in der Zwischenzeit gelernt zu verstehen, was Trauerarbeit ist? Uns bleibt nichts anderes übrig, als es zu hoffen.

Aber, ich möchte betonen, das noch Schrecklichere besteht darin: Wenn wir einen Präsidenten haben, der nicht weiß, was Trauerarbeit ist, dann kann man doch von keinem Staatsbürger Österreichs verlangen, daß er Trauerarbeit leistet. Das ist doch der Persilschein für jeden einzelnen! Ein ganz großartiger Mann, Günter Anders, hat geschrieben: „Was wir in diesen letzten Monaten erlebt haben, ist nicht Vergangenheitsbewältigung, sondern ist vielmehr Vergangenheitsakzeptierung, ist die Rechtfertigung der Vergangenheit und nicht die Bewältigung der Vergangenheit.“ Entschuldigen Sie, wenn man ein Mensch ist und ein Tiefenpsychologe und ein Österreicher, dem dieses Land am Herzen liegt, so muß man dazu feststellen: Das ist etwas sehr, sehr Bedauerliches und Schlimmes.

Der zweite Punkt, der mir sehr wichtig erscheint, ist, daß man in diesem Zusammenhang in unglaublicher Weise die Interessen einer Partei über das Interesse des ganzen Landes gestellt hat und daß man, um den eigenen Kandidaten durchzusetzen, ohne Bedenken auf der Klaviatur des Antisemitismus, der ohnedies in diesem Land blüht, gespielt und ihn damit verstärkt hat.

Zu meiner Deutung der gelben Farbe auf dem bekannten Wahlplakat will ich gerne einräumen: Es mag schon sein, daß die, die das produziert haben, das nicht in einer tückischen Absicht getan haben. Aber sie hätten an die gelbe Farbe denken müssen, die für uns, die wir das Nazitum erlebt haben, die Farbe der Verdammnis, der Ausstoßung, der wie die Pest Gemiedenen war. Meine Damen und Herrn, die Symbolik von damals ist, leider, noch nicht ausgelöscht, sie lebt fort, und sie muß einem denkenden Menschen bekannt sein. Es ging außerdem nicht nur um die gelbe Farbe, sondern auch um den Zusammenhang, in dem sie verwendet wurde. Ich habe mit meiner Deutung der gelben Farbe sehr wohl ins Schwarze getroffen – im doppelten Sinn des Wortes: Denn hier spielt auch der christliche Antisemitismus herein, über den ich schon vorher gesprochen habe.

Und jetzt komme ich zum dritten Punkt. Vor einiger Zeit ist die Wahrheit herausgekommen, was geschieht, wenn man versucht, eine Partei, die eine nationale Partei ist, in eine Liberale zu verwandeln. Wir sehen: Diese Bemühung ist gescheitert. Das Ergebnis ist, daß die Eiterbeulen aufbrechen. Erinnern Sie sich: Der Herr Steger, der ja sicher einiges Nationale gewöhnt ist, hat sinngemäß gesagt: „Ich habe Worte gehört, daß ich geglaubt habe, ich bin in einer anderen Partei, als in der, in der ich sein will.“ Meine Damen und Herrn, ich will diese Punkte hier nicht ausführen, ich will sie nur erwähnen. Ich verschweige Ihnen aber nicht den Vorteil, den ich darin sehe: Man weiß jetzt wenigstens, woran man ist. Man versteht, womit man zu rechnen hat. Man darf sich also keiner Täuschung hingeben! In Österreich gilt das Wort von Brecht nach wie vor: „Der Schoß ist fruchtbar noch, aus dem das kroch.“

Obwohl wir sicher in einer sehr kritischen Situation leben, so darf man dennoch in keinster Weise aufgeben oder die Hoffnung verlieren, ganz im Gegenteil, umsomehr muß man wissen, was man jetzt zu tun hat. Aber da gehen nun Politiker in der Welt spazieren und erklären den Leuten, daß es in Österreich keinen Nationalsozialismus gäbe und wenn doch, so höchstens ganz am Rand. Und sie bilden sich noch ein, daß sie durch diese Aktionen dem Lande einen guten Dienst erweisen, weil sie sein Image polieren. Meine Damen und Herrn, mit Lügen hat man noch nie etwas Gutes getan, auch dem eigenen Lande nicht. Da wäre es viel besser zu sagen: „So ist es eben, und wir werden uns bemühen, uns auseinanderzusetzen und versuchen, nicht aufzugeben und trachten, eine Verbesserung herbeizuführen." Das wäre die einzig richtige Antwort, die man geben kann!

Ein anderes Beispiel. Ich könnte ihnen ja noch viele anführen und man braucht einen guten Magen, um sie auszuhalten. Da ziehen Leute nach New York und zählen die Juden auf, die zwischen 1900 und 1938 hier in Österreich gelebt haben und sagen: „Den haben wir gehabt, und den haben wir gehabt, und den haben wir auch gehabt." Eine riesige Ausstellung, ein riesiger Triumph, wir verneigen uns vor dem Judentum. Aber die Frage, „Wie sind die Menschen in Österreich mit diesen Juden in dieser Zeit umgegangen?", wird weder gestellt noch beantwortet. Es wird nicht einmal in einem Nebensatz erwähnt, daß wir die Leute unterdrückt, tyrannisiert, schließlich weggejagt haben: daß wir keinen Finger für sie gerührt haben, als einige der wenigen Überlebenden 1945 zurückkommen wollten, und daß wir die ganz, ganz wenigen, die zurückgekommen sind, sehr ungern gesehen haben. Davon wird mit keiner Silbe gesprochen!

Ich möchte in diesem Zusammenhang auf das in letzter Zeit erschienene Buch „Ich bin dafür, die Sache in die Länge zu ziehen", geschrieben von R. Knight, verweisen, welches die antisemitischen Äußerungen von Politikern der ÖVP und SPÖ aus den

Ministerratssitzungen 1945 bis 1952 enthält, fast alles Menschen, die in den Kerkern Hitlers geschmachtet haben und dennoch alles taten, um die jüdischen Wiedergutmachungsrechte zu torpedieren.

Ein weiteres Beispiel: Als in Wien im Palais Palffy eine Ausstellung über Anne Frank gezeigt wurde, standen vor dem Palais Leute, die Flugblätter, auf denen die „Auschwitzlüge" vertreten wurde, verteilten. Ich habe gehört, daß ein Polizist zu Zettelverteilern gesagt haben soll: „Gehts ums Eck, da störts niemanden. Dort machts, was wollts." Meine Damen und Herrn, das erinnert fatal an den „Widerstand", den die schon von Nazis durchlöcherte Polizei des Schuschniggregimes in den Jahren 1936 bis 1938 gegen die Hitleranhänger geleistet hat.

Ich glaube, das sind alles alarmierende Hinweise. Es ist Zeit, uns zu besinnen, daß wir eine gemeinsame Front errichten sollten. Ich wage die Behauptung, es gibt Zeiten, wo es gar nicht so wichtig ist, wo man steht. Das sind Zeiten des politischen Schacherns und Streitens. Aber es gibt auch Zeiten, wo es ganz entscheidend ist, wo man steht. – Einstehen für die eigene Person, für das Land, für die Zukunft des Landes. Ich glaube, es könnte eine solche Zeit heranrükken.

Die Gelegenheit kann ich nicht vorübergehen lassen, ohne auf einen großen Hoffnungsträger für die Erhalung der Menschlichkeit in unserem Land hinzuweisen: den Bundeskanzler Vranitzky. Er hat die letzte Wahl nicht zuletzt deshalb gewonnen, weil er sich als antifaschistisches Bollwerk deklariert hat, indem er jede Koalition mit der Haiderschen FPÖ ablehnte. Sein Satz, „Es kann nicht zusammenwachsen, was nicht zusammen gehört.", erlaubt uns, für die Zukunft doch zuversichtlicher zu sein.

Zum Abschluß möchte ich ganz demütig zusammenfassen:

Erstens: Daß wir die Vergangenheit nicht bewältigt haben, geht zuerst einmal zu Lasten aller unserer Parteien. Dieses Versagen fällt mit den Anfängen unserer Zweiten Republik zusammen. Ich will es für die, die es nicht erlebt haben, kurz erzählen. Die erste Wahl war im November 1945. Die Sozialistische Partei affichierte ein Plakat, auf dem sinngemäß stand: „Unsere Kriegsgefangenen sollen aus Rußland heimkommen. Statt dessen sollen die Nazis im Austauschverfahren in die russische Gefangenschaft gehen." Im November 1945 durften die Nazis nicht wählen, aber die Angehörigen der Nazis schon. Durch diese Angehörigen kam es zu einem triumphalen Erfolg der ÖVP. Es war eine Wahl gegen dieses Plakat, in gewissem Sinne also für die Nazis. Und vom selben Tag an sagten die SPÖler: „No, so blöd sind wir ein zweites Mal nicht mehr." Und später ist, die VdU, bei der viele Nazis waren, ganz wesentlich unter der Schutzherrschaft eines Mannes zustande gekommen, dem wir auf anderem Gebiet viel zu verdanken haben, nämlich unter der Schutzherrschaft Oskar Helmers, des sozialistischen Innenministers. Er förderte diese Partei, um die ÖVP zu spalten.

Meine Damen und Herren, ich verteile jetzt nicht gute, nicht schlechte Noten. Ich will Ihnen nur zeigen, daß man vom ersten Tag an um die Stimmen der Nazis gebuhlt hat, und ich behaupte, das tut man bis zum heutigen Tage. Man kann aber nicht buhlen und gleichzeitig sagen: „Besinne dich!" Das geht nicht! Wenn man buhlt, dann sagt der, um den man buhlt: „Wie ich bin, so bin ich, und wie ich bin, so bleib' ich. Seid froh, wenn ihr von mir eine Stimme bekommt." – Es ist klar, daß ich, wenn ich die Parteien angreife, uns alle angreife. Es handelt sich also um eine sehr selbstkritische Bemerkung, denn wir alle sind ja die Parteien.

Zweitens: Wir haben nicht in die junge Generation

einen Geist hineingebracht, der die Situation von damals versteht. Es ist uns nicht gelungen, die Lehren, die wir aus dieser Zeit hätten ziehen müssen in einer Stafette weiterzugeben. Es ist das nicht im Elternhaus geschehen, es ist das auch nicht in der Schule geschehen, beziehungsweise gelegentlich, aber eben viel zu selten. Die jungen Menschen sind uninformiert, sie wissen tatsächlich nichts! Wir haben den jungen Menschen fast nie jenen Humus, jenen Nährboden, gegeben, der sie gegen jene Schrecken, die es einst gegeben hat, immunisieren würde. Das ist unser Versagen.

Drittens: Es geht mir jetzt um ein Versagen, das mir schwer über die Lippen kommt, aber ich muß es trotzdem aussprechen: Wir haben auch bei dem Bemühen versagt, die sogenannten Ewiggestrigen, die Ehemaligen in ihrer Trauerarbeit zu unterstützen. Wir waren zu aggressiv. Wir waren zu vorwurfsvoll. Wir haben dadurch vielleicht das Gegenteil dessen erreicht, was wir erreichen wollten, wir haben sie noch mehr in ihre Abwehrhaltung und ihre Fixierung an die Vergangenheit hineingetrieben. Ich sage das, weil gestern ein Patient bei mir war – ich werde das nie vergessen –, der zu mir sprach: „Herr Professor, was soll ich denn tun? Jetzt weiß ich, meine Mutter hat mich eigentlich vernichtet, und es ist ein Wunder, daß ich das überlebt habe. Ich habe aber überlebt! Was soll ich jetzt machen? Soll ich hingehen – und tausend Wünsche habe ich in dieser Richtung – und ihr sagen: ‚Du bist eine Mörderin! Du hast mich umgebracht, und nur durch glückliche Umstände ist dein Werk nicht gelungen! Du sollst in alle Zeiten nicht davon loskommen! Du sollst an das ewig denken müssen, und dieser Fluch, der auf dir lastet, der soll nie von dir weggehen!‘ Das möchte ich sagen. Aber darf ich das sagen? Was bringt mir das? Mir bringt es eine Entlastung, aber ich kann doch mit solchen Worten niemals die

Beziehung zwischen mir und meiner Mutter auch nur spurweise verbessern. Ich muß doch versuchen, eine Brücke zu schlagen. Ich muß doch dankbar sein, daß ich mich gerettet habe! Und ich muß jetzt versuchen, ihr zu erklären, was sie falsch gemacht hat, aber so, daß sie es einsieht." Während er das zu mir sprach, da dachte ich: „Du hast soeben den Schluß meines morgigen Vortrages formuliert."

Hanna Arendt hat gesagt: „Mit einem Antisemiten kannst du nicht diskutieren, die einzige Chance für ihn wäre die Psychotherapie, aber psychotherapieren läßt er sich nicht." Vielleicht ist es sinnlos, vielleicht ist es chancenlos. Ich plädiere aber trotzdem dafür, auch dem Gespräch mit dem Antisemiten nicht auszuweichen. Man muß es versuchen – mit der Geduld und mit der Güte, die uns allen wohl ansteht, wenn wir bekennen und zugeben, daß wir auch sehr vieles falsch gemacht und gefehlt haben. Man sieht umso eher Feinde, wenn man das eigene Negative in sie hineinprojiziert, was man bei sich nicht zugibt. Man fürchtet am anderen, was man an sich selbst fürchtet. Daher tut es gut, das eigene Negative auch an sich zu entdecken, weil man dann vielleicht endlich die Sprache finden könnte, die einen Menschen bewegt. Appelle, Vorwürfe und Aggressionen haben ja keinen Sinn. Nur die Bemühung um die menschliche Brücke hat einen Sinn.

Es geht mir bei allem, was ich heute gesprochen habe, auch ganz wesentlich um unsere jüdischen Mitbürger. Wer Freunde hat unter den Juden, der weiß aus einem bedrückenden Anschauungsunterricht, daß sie seit der Präsidentenwahl und allen Begleiterscheinungen wieder Angst bekommen haben, und immer noch Angst haben. Und das, obwohl sie geglaubt hatten, daß sie, nach all dem Schrecklichen, was geschehen ist, von einer neuerlichen Angst für ihre Lebenszeit befreit sein würden. Aber in Frankfurt hat einer gesagt: „Die Schonzeit ist nun um.“ Mögen wir alles tun, meine Damen und Herrn, wir alle, daß sie sich wieder sicher und geborgen fühlen können, daß ihre Angst schwindet und daß sie an ihre eigene Zukunft hier glauben können.

Ich schließe mit einem in Israel bekannten Lied von Joschi Bakernikow, 1897 in Polen geboren.

> Soll sein, daß ich bau' in die Luft meine Schlösser,
> Soll sein, daß mein Gott ist im Ganzen nicht da.
> Im Traum ist mir heller,
> Im Traum ist mir besser,
> Im Traum ist der Himmel noch blauer als blau.
> Soll sein, daß ich werd' mein Ziel nicht erreichen,
> Soll sein, daß mein Schiff wird nicht kommen zum Steg.
> Es geht mir nicht darum, ich soll was erreichen,
> Es geht mir um den Gang auf einem sonnigen Weg.

Meine Damen und Herrn, daß dies kein Traum, sondern Wirklichkeit wird, dafür habe ich heute gesprochen, und ich schließe mit den Worten, hoffentlich als Antwort, die bei diesem Gedicht am Schluß stehen:

Asoi is es.

Alles verstehen, heißt nicht, alles verzeihen

Knut Hamsun –
die Tragödie der „emotionalen Dummheit“

Du warst in allem einer ihrer Besten,
erschrocken fühl ich heut mich dir verwandt;
du schwelgtest gerne bei den gleichen Festen
und zogst wie ich oft wochenlang durchs Land.
Es füllte dich wie mich der gleiche Ekel
vor dem Geklügel ohne innern Drang,
vor jedem Wortgekletzel und Gehäkel;
nichts galt dir als der schöne Überschwang.

So zog es dich zu ihnen, die marschierten;
wer weiß da, wann du auf dem Marsch ins Nichts
gewahr der Zeichen wurdest, die sie zierten?
Du liegst gefällt am Tage des Gerichts.
Ich hätte dich mit eigner Hand erschlagen;
doch unser keiner hatte die Geduld,
in deiner Sprache dir den Weg zu sagen:
dein Tod ist unsre, ist auch meine Schuld.

Ich setz für dich zu Abend diese Zeilen,
da schrill die Grille ihre Beine reibt,
wie du es liebtest, und der Seim im geilen
Faulbaum im Kreis die schwarzen Käfer treibt.
Daß wir des Tods und Ursprungs nicht vergessen,
wann jeder Brot hat und zum Brot auch Wein,
vom Überschwang zu singen wie besessen,
soll um dich, Bruder, meine Klage sein.

Theodor Kramer
Requiem für einen Faschisten

Heute möchte ich Ihnen ein Bild des großen Dichters Knut Hamsun entwerfen und gleichzeitig zeigen, wieso es zu solch einer politischen „Verirrung“ – und von einer solchen müssen wir bei Hamsun zweifellos sprechen – eines hochbegabten Menschen kommen konnte und immer wieder kommen kann. Wir sollten aus diesem Beispiel somit etwas für uns selber lernen. Ich wünsche mir, daß wir aus einem tragischen Beispiel die Hoffnung schöpfen, etwas besser zu machen, als es Hamsun getan hat.

Zunächst eine kurze Vorstellung Knut Hamsuns: Er ist am 4. August des Jahres 1859 zur Welt gekommen als ein ganz, ganz armer Norweger nördlich des Polarkreises. Er war Sohn eines Schneiders, verbrachte eine entbehrungsreiche Kindheit und Jugend. Ich will Ihnen aufzählen – ich kann das gar nicht vollständig –, welche Berufe er hatte: Er war zuerst Kaufmannslehrling, dann Kaufmannsgehilfe, dann, wie wir in Wien sagen, vazierender Geselle, also Landstreicher, dann Händler, Wanderer, später war er Arztgehilfe, bald Lehrergehilfe, also Hilfslehrer, dann hat er das Schuhmacherhandwerk erlernt, später war er Postangestellter. Zweimal in diesen frühen schrecklichen Jahren, die man als seine Wanderjahre und in Anlehnung an Verdi vielleicht auch als seine Galeerenjahre bezeichnen könnte, war er in den Vereinigten Staaten von Amerika, wo er Straßenarbeiter, Erntearbeiter und Straßenbahnschaffner war. Zwischen diesen verschiedenen Betätigungen war er häufig arbeitslos und befand sich in größter persönlicher Not.

Sehr früh empfand Hamsun, daß sein eigentlicher Beruf Schriftstellerei sei und begann, Erzählungen zu schreiben, die allesamt zerrissen wurden, einerseits

---

Nach einer Veranstaltung gemeinsam mit Will Quatflieg, die in Hamburg und Chur stattgefunden hat.

von ihm selber aus Unzufriedenheit, andererseits von den Menschen, bei denen er sie zur Publikation eingereicht hatte.

Nachdem er in Amerika an Tuberkulose erkrankt und von den Ärzten aufgegeben war (er gesundete dann aber auf der Heimreise), schrieb er auf dem Gipfelpunkt seiner Verzweiflung und seiner Not einen Roman, den er „Hunger“ nannte. Dieser Roman wurde angenommen, zuerst anonym in einer Fortsetzungsreihe und dann als Buch veröffentlicht, und mit diesem „Hunger“ war er über Nacht eine Berühmtheit. – Eine Berühmtheit nicht nur in Norwegen, sondern sehr bald auch vor allem in den deutschsprachigen Ländern. Ein Verlag, der eigentlich für sein Werk gegründet wurde, Albert Langen und Georg Müller, baute von Haus aus auf die Zukunft Hamsuns, und er sollte mit dieser Vermutung auch recht behalten. Hamsun hat in der Folge 20 Romane geschrieben, einer großartiger und aussagekräftiger als der andere, sodaß es wirklich schwer fällt, dabei eine Rangordnung vorzunehmen. Eines jedenfalls ist sicher: Er wurde zu einem der größten Romanciers aller Zeiten.

Das Haupt- und Zentralthema Hamsuns ist die Liebe, das Paar, das alle Herrlichkeit und alle Qual der Liebe erlebt. Hamsuns These war immer: Die Liebe ist unbarmherzig. Und so tragen auch die beiden Werke „Rosa“ und „Benoni“ den Übertitel „Die Liebe ist hart“. Er hat aber gleichzeitig immer wieder zu zeigen versucht, daß trotz allem die Liebe jegliche Schwierigkeiten zu überwinden vermag und daß es eine dauernde Liebe geben kann.

In „Viktoria“, vielleicht dem schönsten Liebesroman, den es bis zum heutigen Tag gibt, kommen folgende Sätze vor: „Die Liebe ist Gottes erstes Wort, der erste Gedanke, der durch sein Hirn geht. Als er sagte, ‚Es werde Licht!‘, war dies Liebe, und alles, was er geschaffen hatte, war sehr gut, und er wollte nichts davon ungeschehen machen. Und die Liebe war der Ursprung der Welt und die Beherrscherin der Welt, aber alle ihre Wege sind voll von Blumen und Blut." Und diese Blumen und dieses Blut, von denen er da schrieb, beides erlebte er auch in seiner eigenen Person, in seinen Liebesbeziehungen.

Ich möchte diese Art, Liebe zu beschreiben, mit Stellen aus „Pan" dokumentieren, nach „Hunger", „Mysterien", „Redakteur Lynge" und „Schwärmer" sein fünfter Roman und zusammen mit der unmittelbar folgenden „Viktoria" ein erster Höhepunkt im Schaffen Hamsuns. Kurz zum Inhalt von „Pan": Leutnant Thomas Glahn lebt in einer Hütte nördlich des Polarkreises und erlebt den unbeschreiblichen Sommer, den die Natur dort in einer ganz kurzen Zeitspanne in einzigartiger Weise zusammendrängt. (Bei dieser Gelegenheit darf ich gleich sagen, daß neben der Liebe das zweite Hauptthema Hamsuns die Beschreibung der Natur und des Menschen in der Natur ist.) Glahn verliebt sich in Edvarda, die Tochter des reichen Handelsbesitzers im Ort. Thomas Glahn ist ein Mensch, den man diagnostisch als Neurotiker bezeichnen müßte, denn er kann nie glauben, daß etwas gut ausgehen würde. Er hält immer schon Ausschau: Ist nicht schon der Untergang der Beziehung in Sicht? Ist etwas – und das ist ein klassisches Hamsunsches Wort –, ist etwas dazwischen gekommen? „Pan" stellt das Tagebuch des Leutnants dar, zwei Jahre, nachdem die Beziehung gescheitert ist, geschrieben. Am Schluß des Romans erfahren wir, daß sich Glahn das Leben genommen hat. Ich habe drei Stellen ausgewählt: Die erste Szene beschreibt den Beginn der Liebe, die zweite ihren Höhepunkt, die dritte ihr Ende. Bei der dritten Szene hat Glahn schon jede Hoffnung verloren und dennoch tagelang zitterndsehnsüchtig auf Edvarda gewartet und plötzlich steht sie tatsächlich vor ihm.

Wir hatten mehrere Plätze, an denen wir uns trafen, bei der Mühle, auf dem Weg, ja sogar in meiner Hütte; sie kam, wohin ich wollte. Guten Tag! rief sie immer zuerst, und ich antwortete guten Tag.

Du bist froh heute, du singst, sagt sie, und ihre Augen funkeln.

Ja, ich bin froh, antwortete ich. Du hast einen Flecken da auf der Schulter, es ist Staub, vielleicht ist es Schmutz vom Weg; ich will diesen Flecken küssen, doch, erlaube mir, ihn zu küssen. Alles was an dir ist, wirkt zärtlich auf mich, ich bin ganz verstört durch dich. Heute nacht schlief ich nicht.

Und das war wahr, in mehr als einer Nacht lag ich schlaflos.

Wir gehen Seite an Seite den Weg entlang.

Was meinst du, benehme ich mich so, wie du es gerne hast? sagt sie. Vielleicht schwätze ich zuviel? Nicht? Ja aber du sollst sagen, was du meinst. Manchmal denke ich bei mir selbst, daß dies niemals gut gehen kann ...

Was soll nicht gut gehen? fragte ich.

Das mit uns. Daß dies nicht gut gehen wird. Ob du es nun glaubst oder nicht, ich gehe hier und friere jetzt; ich fühle es eisig über den Rücken hinunter, wenn ich dir nur nahe komme. Vor Glück.

Ja, auch mir geht es so, antwortete ich, es durcheist auch mich, wenn ich dich nur sehe. Doch, dies wird schon gut gehen. Im übrigen werde ich dir ein wenig den Rücken klopfen, um dich zu erwärmen.

Widerstrebend läßt sie es mich tun, ich klopfe ein wenig fester, nur zum Spaß, ich lache und frage, ob das nicht helfe.

Ach nein, sei nicht so gut, mich noch mehr auf den Rücken zu klopfen, sagt sie.

Diese paar Worte! Das klang so hilflos, daß sie sagte: sei nicht so gut.

Dann gingen wir weiter auf dem Weg. Ist sie mißvergnügt über mich wegen meines Scherzes? fragte ich mich selbst, und ich dachte: wir wollen sehen. Ich sagte:

Ich muß eben an etwas denken. Auf einer Schlittenfahrt einmal war eine junge Dame, die ein weißes Seidentuch von ihrem eigenen Hals nahm und es um meinen band. Am Abend sagte ich zu der Dame: Sie werden Ihr Tuch morgen zurückbekommen, ich will es waschen lassen. Nein, antwortete sie, geben Sie es mir jetzt, ich will es aufbewahren, so wie es ist, ganz wie Sie es benützt haben. Und sie bekam das Tuch. Drei Jahre danach traf ich die junge Dame wieder. Das Tuch? sagte ich. Sie brachte das Tuch. Es lag in seinem Papier ebenso ungewaschen, ich sah es selbst.

Edvarda sah von der Seite zu mir auf.

Ja? Wie ging es weiter?

Nein, es war nichts weiter, sagte ich. Aber mir scheint, dies war ein schöner Zug.

Pause.

Wo ist diese Dame jetzt?

Im Ausland.

Wir sprachen nicht mehr darüber. Doch als sie heimgehen sollte, sagte sie:

Gutnacht nun. Geh jetzt aber nicht mehr umher und denke an diese Dame, nicht wahr? Ich denke an niemand andern als an dich.

Ich glaubte ihr, ich sah, daß sie meinte, was sie sagte, und es war mir ewig genug, wenn sie an mich nur dachte. Ich ging ihr nach.

Dank, Edvarda, sagte ich. Später fügte ich aus ganzem Herzen hinzu: Du bist viel zu gut für mich, aber ich bin dankbar dafür, daß du mich haben willst; Gott belohne dich dafür. Ich bin wohl nicht so herrlich wie viele andere, die du bekommen könntest; aber ich bin so ganz dein, so grenzenlos dein, bei meiner unsterblichen Seele. Woran denkst du? Es kamen die Tränen in die Augen.

Es war nichts, antwortete sie. Es klang so sonderbar, daß Gott mich belohnen möge. Du sagst so etwas wie . . . Ich liebe dich so!

Sie flog mir mit einemmal um den Hals, mitten auf dem Weg, und küßte mich heftig.

Als sie gegangen war, bückte ich mich und schlüpfte in den Wald, um mich zu verbergen und mit meiner Freude allein zu sein, Und ich lief bewegt wieder zurück zum Weg und sah mich um, ob jemand bemerkt haben könnte, daß ich dort hineingegangen war. Aber ich sah niemand.

ZWEITE SZENE

Freude berauscht. Ich feure meine Büchse ab, und ein unvergeßliches Echo antwortet von Berg zu Berg, schwebt über das Meer hinaus und klingt in den Ohren eines übernächtigen Rudergastes. Worüber freue ich mich? Über einen Gedanken, der mir kommt, eine Erinnerung, einen Klang im Wald, einen Menschen. Ich denke an sie, ich schließe meine Augen und stehe still auf dem Weg und denke an sie, ich zähle Minuten.

Nun bin ich durstig und trinke am Bach; nun zähle ich hundert Schritte vor und hundert Schritte zurück; nun ist es spät geworden, denke ich.

Ist etwas dazwischengekommen? Ein Monat ist vergangen, und ein Monat ist keine lange Zeit; es ist nichts dazwischengekommen! Gott mag wissen, daß dieser Monat kurz war. Aber die Nächte, die sind manches Mal lang, und ich verfalle darauf, meine Mütze in den Bach zu tauchen und sie wieder trocknen zu lassen, nur um die Zeit zu verkürzen, während ich warte.

Ich rechnete meine Zeit nach Nächten. Bisweilen kam eine Nacht, und Edvarda blieb aus, einmal blieb sie zwei Nächte lang aus. Zwei Nächte. Es war nichts im Wege, aber mir schien es da, als hätte mein Glück vielleicht seinen höchsten Punkt erreicht gehabt.

Und war es nicht so?

Hörst du, Edvarda, wie unruhig es heute nacht im Wald ist? Es raschelt unaufhörlich in den Erdhaufen, und die großen Laubblätter zittern. Es ist vielleicht etwas am Werk; aber das war es nicht, was ich sagen wollte. Ich höre einen Vogel droben auf der Höhe singen, es ist nur eine Meise; aber sie hat zwei Nächte lang auf demselben Platz gesessen und hat gelockt. Hörst du einen gleichförmigen, gleichformigen Laut?

Ja, ich höre ihn. Weshalb fragst du mich danach?

Für nichts. Sie saß dort zwei Nächste lang. Ich wollte das nur sagen ... Dank, Dank, daß du heute abend kamst, Geliebte! Ich saß hier und erwartete dich heute abend oder morgen abend, freute mich darauf, daß du kämest.

Und auch ich habe gewartet. Ich denke an dich, und ich habe die Scherben des Glases, das du einmal umwarfst, gesammelt und aufbewahrt; kannst du dich erinnern? Mein Vater ist heute nacht verreist, ich bin entschuldigt dafür, daß ich nicht kam, ich hatte soviel zu packen und ihn an so vieles zu erinnern. Ich wußte, daß du hier umhergingst und im Wald wartetest, und ich weinte und packte.

Aber es sind zwei Nächte vergangen, dachte ich, was machte sie in der ersten Nacht? Und weshalb ist jetzt nicht so viel Freude in ihren Augen wie früher?

Eine Stunde ging. Die Meise oben auf der Höhe schwieg, der Wald lag tot. Nein, nein, es war nichts dazwischengekommen, alles war wie vorher, sie gab mir ihre Hand zum Abschied und sah in Liebe auf mich.

Morgen? fragte ich.

Nein, morgen nicht, antwortete sie.

Ich fragte nicht weshalb.

Morgen werden wir ja unser Fest haben, sagte sie lachend. Ich wollte dich nur überraschen, aber du machtest eine so unglückliche Miene, daß ich es gleich sagen mußte. Ich hätte dich schriftlich eingeladen.

Und mein Herz war unsäglich erleichtert.

Sie ging und nickte zum Abschied.

Noch eines, sagte ich, auf demselben Fleck stehenbleibend. Wie lange ist es her, daß du die Glasscherben gesammelt und aufbewahrt hast?

Wie lange das her ist?

Ja, kann es eine Woche her sein, zwei Wochen?

Ja, vielleicht ist es zwei Wochen her. Aber weshalb fragst du danach? Nein, ich muß dir die Wahrheit sagen, ich tat es gestern.

Sie tat es gestern, es war nicht länger her als seit gestern, daß sie an mich gedacht hatte! Nun war alles gut.

DRITTE SZENE

Es ist Nachmittag, ich gehe heim, es regnet noch. Da begegnet mir etwasUngewöhnliches. Edvarda steht vor mir auf dem Steig. Sie ist durchnäßt, als wäre sie lange im Regen draußen gewesen, aber sie lächelt. Na! denke ich sofort, und ein Ingrimm erfaßt mich, ich presse die Finger wütend um meine Büchse und gehe ihr so entgegen, obwohl sie lächelt.

Guten Tag! ruft sie zuerst.

Ich warte, bis ich ihr einige Schritte näher gekommen bin, und sage:

Ich grüße Sie, Schönjungfrau!

Sie stutzt über meine Spaßhaftigkeit. Ach, ich wußte nicht, was ich sagte. Sie lächelt furchtsam und sieht mich an.

Waren Sie heute auf den Bergen? fragt sie. Da sind Sie naß geworden. Ich habe ein Tuch hier, wenn Sie es umnehmen wollen, ich habe es übrig ... Nein, Sie kennen mich nicht wieder. Und sie schlägt die Augen nieder und schüttelt den Kopf, als ich das Tuch nicht annehme.

Ein Tuch? antworte ich und grinse vor Zorn und Erstaunen. Aber ich habe eine Joppe hier, wollen Sie sie zu leihen nehmen? Ich habe sie übrig, ich würde sie einem jeden geliehen haben, so daß Sie sie ruhig nehmen dürfen. Einer Fischersfrau würde ich sie mit Freuden leihen.

Ich sah, daß sie darauf gespannt war, was ich sagen würde, sie lauschte so erwartungsvoll, daß sie häßlich wurde und den Mund zusammenzuhalten vergaß. Sie steht mit dem Tuch in der Hand da, es ist ein weißes Seidentuch, sie hat es vom Hals genommen. Auch ich reiße meine Joppe herunter.

Um Gottes willen, ziehen Sie sie wieder an! ruft sie, Sie sollen das nicht tun. Sind Sie so böse auf mich? Nein Herrgott, ziehen Sie doch die Joppe wieder an, bevor Sie durchnäßt werden.

Ich zog die Joppe wieder an.

Wo wollen Sie hin? fragte ich dumpf.

Nein, nirgendshin ... Ich verstehe nicht, daß Sie die Joppe ausziehen konnten ...

Wo haben Sie den Baron heute? fragte ich weiter. In diesem Wetter kann doch der Graf nicht auf dem Meer sein . . .

Glahn, ich wollte Ihnen nur etwas sagen . . .

Ich unterbrach sie:

Darf ich Sie bitten, dem Herzog meinen Gruß zu überbringen?

Wir sehen einander an. Ich stehe da, bereit, ihr mit mehreren Unterbrechungen zu entgegnen, wenn sie den Mund öffnen sollte. Endlich gleitet ein schmerzlicher Zug über ihr Gesicht, ich schaue weg und sage:

Aufrichtig gesagt, geben Sie dem Prinzen einen Korb, Jungfer Edvarda. Das ist kein Mann für Sie. Ich versichere Ihnen, in diesen Tagen geht er umher und grübelt darüber nach, ob er Sie zu seiner Frau machen soll oder nicht, und damit kann Ihnen auch nicht gedient sein.

Nein, davon wollen wir nicht sprechen; nicht wahr? Glahn, ich habe an Sie gedacht, Sie konnten Ihre Joppe ausziehen und durchnäßt werden um eines anderen willen, ich komme zu Ihnen.

Ich zucke mit den Schultern und fahre fort:

Ich schlage Ihnen statt dessen den Doktor vor. Was haben Sie an ihm auszusetzen? Ein Mann in seinen besten Jahren, ein ausgezeichneter Kopf. Denken Sie darüber nach.

Hören Sie mich nur eine Minute an . . .

Äsop, mein Hund, erwartet mich in der Hütte. Ich nahm die Mütze ab, grüßte und sagte wieder: Ich grüße Sie, Schönjungfrau.

Damit fing ich zu gehen an.

Sie stieß einen Schrei aus:

Nein, reiß mir nicht das Herz heraus. Ich komme heute zu dir, ich paßte dich hier ab, und ich lächelte, als du kamst. Gestern war ich beinahe von Sinnen, denn ich hatte die ganze Zeit an etwas gedacht, ich war schwindlig und dachte immer an dich. Heute saß ich in der Stube, ein Mensch kam herein, ich sah nicht auf, aber ich wußte, wer es war, der kam. Ich ruderte gestern eine halbe Viertelmeile, sagte er. Wurden Sie nicht müde? fragte ich. Ach doch, sehr müde, und ich bekam Blasen an meinen Händen, sagte er dann und war darüber betrübt. Ich dachte: Sieh, darüber ist er nun betrübt. Eine Weile später sagte er: Ich hörte heute nacht ein Flüstern vor meinen Fenstern, es war Ihre Hausjungfer und Ihr einer Ladengehilfe, im intimen Gespräch. Ja, sie wollen einander heiraten, sagte ich. Ja, aber es war zwei Uhr! Was weiter? fragte ich und sagte ein wenig später: Die Nacht gehört ihnen. Da rückte er seine Goldbrille auf der Nase hinauf und bemerkte: Aber nicht wahr, finden Sie nicht, mitten in der Nacht, das sieht nicht gut aus? Ich sah immer noch nicht auf, und wir saßen zehn Minuten lang so. Darf ich Ihnen einen Schal für Ihre Schultern bringen? frage er. Nein, danke antwortete ich. Wer ihre kleine Hand nehmen dürfte? sagte er. Ich antwortete nicht, meine Gedanken waren an anderen Orten. Er legte eine kleine Schachtel in meinen Schoß, ich öffnete die Schachtel und fand eine Nadel darin. Die Nadel hatte eine Krone, und ich zählte in ihr zehn Steine . . . Glahn, ich habe die Nadel hier, willst du sie sehen? Sie ist in Stücke zertreten; komm nur und sieh, daß sie entzwei getreten ist. Nun wohl, was soll ich mit der Nadel? fragte ich. Sie sollen sich damit schmücken, antwortete er. Aber ich reichte ihm die Nadel zurück und sagte: Lassen Sie mich, ich denke mehr an einen anderen. Welchen anderen? fragte er. An einen Jäger, antwortete ich, er hat mir nur zwei sehr schöne Federn zur Erinnerung gegeben, aber nehmen Sie ihre Nadel wieder zurück. Doch er wollte die Nadel nicht zurücknehmen. Ich sah ihn zum erstenmal an, seine Augen waren durchdringend. Ich nehme die Nadel nicht zurück, machen Sie damit, was Sie wollen, treten Sie darauf, sagte er. Ich stand auf, legte die Nadel unter meinen Absatz und trat darauf. Das war heute morgen . . . Vier Stunden lang ging ich umher und wartete, nach Mittag begab ich mich hinaus. Er fing mich auf dem Weg ab. Wo wollen Sie hin? fragte er. Zu Glahn, erwiderte ich, ich will ihn bitten, mich nicht zu vergessen . . . Seit ein Uhr habe ich hier gewartet, ich stand bei einem Baum und sah dich kommen, du warst wie ein Gott! Ich liebte deine Gestalt, deinen Bart und deine Schultern, alles an dir liebte ich . . . Nun bist du ungeduldig, du willst gehen, geh nur, ich bin dir gleichgültig, du siehst mich nicht an . . .

Ich war stehengeblieben. Als sie schwieg, begann ich wieder zu gehen. Ich war erschöpft vor Verzweiflung und lächelte, mein

Herz war hart. – Ach richtig, sagte ich und hielt wieder an. Sie wollten mir doch etwas sagen?

Dieser Spott machte sie meiner müde.

Wollte ich etwas sagen? Ja, aber, ich sagte etwas; haben Sie es nicht gehört? Nein nichts, nichts habe ich Ihnen mehr zu sagen . . .

Ihre Stimme zitterte seltsam, aber das rührt mich nicht.

Ich möchte Sie auf drei Umstände hinweisen. Erstens, der junge Hamsun hat seine schönsten Stunden im Wald verbracht, als er Hüterbub war, damals, als ihn die Glocken immer wissen ließen, wo sich das Vieh befand, damals, als er sich, wenn man es mit Rilke sagen darf, zu Träumen gehen ließ und schon ahnungslos die Grundlagen seiner späteren Kunst entwickelte. Zu jener Zeit hatte er das Gefühl, als wäre er der einzige Mensch auf der Welt, als wäre er ringsherum von Wald umgeben und im Wald verborgen, als führe er eine geheimnisvolle und geheime Existenz. Das kommt in „Pan“, glaube ich, wunderbar zum Ausdruck.

Zum zweiten Umstand: Es heißt im „Pan“ an einer späteren Stelle: „Und ich denke heute gar nicht weiter daran, es belustigt mich vielmehr mein Abenteuer vor zwei Jahren.“ Diese Aussage stimmt nicht, sie ist die Maske, der Schein. In Wirklichkeit ist Glahn verzweifelt. Hamsunsche Figuren sind oft so, daß sie nach außen eine Fassade zu bewahren versuchen, als ginge sie das alles nichts an, im Inneren aber gehen sie daran zu Grunde.

Das leitet mich zum dritten typisch Hamsunschen Umstand hinüber: Ein Mensch hat mit allen Fasern seines Herzens und gegen jede Hoffnung auf das Wiederkommen der Geliebten gewartet. Nun erscheint sie, versichert ihm, daß sie ihn noch immer liebe – und was macht der Mensch? Er holt mit aller Gewalt zu einem vernichtenden Schlage aus und zerstört damit die Beziehung endgültig. Im entscheidenden Augenblick handelt er, als ob er sein eigener Feind wäre.

(Man darf annehmen, daß dies auch mehrmals für Hamsun selbst zugetroffen hat.) Niemand hat so wie Hamsun die zerstörerische Macht der Neurose beschrieben, hat so gut das Zwanghaft-Mächtige des neurotischen Verhaltens entgegen den innersten eigenen Wünschen aufgezeigt, das natürlich letztlich auch zur Selbstzerstörung, ja zur Selbstvernichtung führt.

Ich hoffe, mit diesen Beispielen Ihre Neugierde erweckt zu haben, sich mit Hamsuns Werk vertraut zu machen; weitere „Kostproben" möchte ich daher nicht anbieten, nur, bevor ich zum zweiten Teil des Vortrages komme, zusammenfassen, was sehr bedeutende Menschen unseres Jahrhunderts über Hamsun gesagt haben und schließlich berichten, wie ich selbst auf den großen Norweger gestoßen bin. Nun die Zitate:

Der norwegische Dichter Hjalmar Christensen: „Wir lächeln verliebt bei der bloßen Erwähnung seines Namens."

Bjørnson, einer der pominentesten norwegischen Dichter: „Das Höchste, das Großartigste in der norwegischen Literatur ist Knut Hamsun."

Thomas Mann: „Ich fühlte froh, daß weder Nietzsche noch Dostojewski im eigenen Land einen Schüler dieses Ranges hinterlassen haben."

H. G. Wells: "You are among the greatest of contemporary writers."

Jakob Wassermann: „Sie gehören zu den Kronzeugen dieser Epoche."

Stefan Zweig: „Wir haben nicht Ihresgleichen."

Ernest Hemingway: „Hamsun hat mich schreiben gelehrt."

Henry Miller: „Hamsun hat mich gehindert, mir das Leben zu nehmen."

Hermann Hesse (und fast wörtlich so auch Lagerlöff und Einstein): „Einer der größten Menschen seiner Zeit, nein, aller Zeiten."

Hesse hat das Leben Hamsuns und sein Werk in solcher Liebe begleitet, daß er angesichts der grandiosen Altersromane, besonders der Landstreichertrilogie (Landstreicher, August Weltumsegler, Nach Jahr und Tag), es sich nicht vorstellen konnte, eine Zeit zu erleben, in der Hamsun nicht mehr existiert. Ich möchte Sie bei dieser Gelegenheit daran erinnern, daß Hermann Hesse sehr oft beteuerte (was andere ebenso taten), daß er nicht hätte Dichter werden können, wenn er nicht Hamsun erlebt hätte.
Maxim Gorki: „Ich sehe niemanden, der sich an Schöpferkraft mit Hamsun vergleichen ließe."
André Gide: „‚Hunger' ist eines der größten Bücher der europäischen Literatur."
Harald Grieg, ein Nachfahre des großen Komponisten: „Seit Hamsun schreiben wir anders. Jeder von uns froher, weicher, sonniger."

Am Schluß Egon Friedell. Der große Kulturphilosoph ist bekanntlich auf tragische Weise nach dem Einmarsch Hitlers in Wien umgekommen. Er hörte, daß zwei SA-Männer an seine Tür klopften und glaubte, sie wollten ihn verhaften. Da sprang er aus dem Fenster seiner im dritten Stock gelegenen Wohnung, nicht ohne noch den Fußgängern warnend zuzurufen, damit durch den Aufprall seines Körpers keiner zu Schaden komme. Dieser Egon Friedell sagte zu Hamsun: „Es gibt nur einen Dichter, mit dem man Sie vergleichen kann, Homer."

Mir selbst ist als junger Mensch, ich glaube als 15jähriger, einer seiner späten Romane, „Das letzte Kapitel", in die Hände gefallen, das in einem Sanatorium spielt. Dort befindet sich auch ein Mann, der „Selbstmörder" genannt wird, weil er ständig sagt: „Es dauert nur noch kurze Zeit und dann bringe ich mich um." Er sagt das, weil er eine unglückliche Liebesaffäre hat, seine Frau betrügt ihn, und er hat sich deswegen ins Sanatorium zurückgezogen. Eines

Tages erscheint seine Frau, wirft sich ihm um den Hals, bereut alles, und sie feiern wunderbare Versöhnung.

Der „Selbstmörder“, bewohnt ein Einbettzimmer, seine Frau muß daher in einem anderen Raum übernachten. Der Mann verabschiedet sich in Liebe von seiner Frau, schließt sie in ihrem Zimmer (Nr. 106) ein, nimmt den Schlüssel mit und geht schlafen. In dieser Nacht bricht im Sanatorium ein Feuer aus. Der Mann merkt es, will seine eingeschlossene Frau befreien, kommt jedoch nicht mehr an ihr Zimmer heran. Das Schicksal schlägt zu: Er kann sich retten, sie nicht. Daraufhin rennt er in den Wald und will sich umbringen. Was dann geschieht, will ich mit den Worten Hamsuns wiedergeben:

Es war vier Uhr morgens.

Der Sturm hatte sich gelegt, er hatte sein Werk vollbracht. Die Brandstätte ist still, die Verwundeten sind fortgefahren, nur zwei von der Mannschaft des Ingenieurs sind als Wache zurückgeblieben. Vom Walde hört man hin und wieder ein klagendes Brüllen von den Kühen des Sanatoriums.

Die Stätte liegt in Finsternis und Rauch verlassen da.

Der Selbstmörder geht auf den Trümmern umher. Er hat den Transport nicht begleiten wollen, er geht vor der Fassadenmauer hin und her, bleibt zuweilen stehen und murmelt vor sich hin, sieht empor nach einer eingebildeten Wand und geht wieder, immer einen Schlüssel in der Hand – einer Hand, die um ein Stück Eisen erstarrt ist. Die Wache möchte am liebsten, daß er fort wäre, und versucht ihn mehrmals weg zu bekommen, aber er geht nicht.

Was suchen Sie? fragen die Männer. Worauf warten Sie?

Ich warte nicht, antwortet er. Das heißt, ich gehe hier, ich warte nicht. Meine Frau schlief auf 106.

So. Ihre Frau war drinnen?

Ja, Eingesperrt. Hier ist der Schlüssel.

Die Männer sind besänftigt und schütteln den Kopf. Sie lassen den wandernden Mann in Frieden, er stiehlt nicht, hier gibt es nichts zu stehlen, sie setzen sich und reden leise miteinander: sie wundern sich, wer es fertiggebracht hat, hier so einzuheizen, sie sprechen von der Versicherung, sie prophezeien, daß das Sanatorium wohl wieder aufgebaut wird. War das nicht auch traurig: In einem Monat hätte der Ingenieur das Werk fertig und Wasser in Überfluß gehabt, um zu löschen! Aber es war nicht so bestimmt!

Der Selbstmörder wandert.

Wäre es nicht besser für Sie, sagen sie zu ihm, und er jammert sie, weil er so verstört ist – wäre es nicht besser für Sie, wenn Sie zur Sennhütte hinübergingen und ein Dach über den Kopf bekämen?

Ja, antwortet er.

Dann bekommen Sie doch Kaffee und ein wenig Wärme.

Ja.

Aber er ging nicht, er setzte seine Wanderung fort. Als es ungefähr fünf Uhr war, ging er von selbst, es war jetzt hell geworden, die Männer behielten ihn im Auge, er ging zum Holzschuppen, dem einzigen noch stehenden Hause.

Er sah sich nicht um, sondern ging zu einem kleinen Schlitten, der drinnen an die Wand gelehnt stand, dem kleinen Schlitten, der im Winter zum Rodeln gebraucht wurde, jawohl, und jetzt begann er den Strick vom Schlitten zu lösen.

Die Männer kommen und sagen: Was machen Sie hier?

Er arbeitet weiter, ohne zu antworten.

Sie dürfen nichts anrühren. Was wollen Sie mit dem Strick? fragen sie.

Was ich damit will?

Wollen Sie etwas einpacken?

Ja, murmelt er – ich will einpacken!

Wo haben Sie es?

Er antwortete nicht, hielt aber in seiner Arbeit inne, es war, als hätte er sich diesen Strick ausersehen und gedächte nicht, sich ihn nehmen zu lassen.

Die Männer dachten wohl auch nicht weiter darüber nach, sie opferten vielleicht gern dieses Stückchen Strick, um ihn los zu werden. Na ja, nehmen Sie den Strick! sagen sie. Und der Selbstmörder ging mit seiner Beute.

Er ging über die Ebene, vorbei an den Pfählen mit den weißen Plakaten, mit den Wegweisern und den letzten Wettermeldungen, diesen wenigen nackten Resten des Torahus-Sanatoriums, schlug den bekannten Weg nach der Sennhütte ein und ging schnell und fest, als hätte er etwas Bestimmtes vor. Als er an den Heuschober kam, bog er in den Wald ab.

Merkwürdig: erst jetzt beginnt er starken Schmerz in seinen

Brandwunden zu fühlen, und im Gehen bläst er auf seine Hände, um sie abzukühlen. Als er tief genug in den Wald gekommen ist, fängt er an, sich einen Baum auszusuchen. Er murmelt und murmelt: 106, sagt er, 106. Im Laufe der Nacht ist es ihm so zur Gewohnheit geworden, diese Zahl zu murmeln, daß er gedankenlos damit fortfährt. Den Schlüssel hält er in der Hand.

Es ist nicht so leicht, einen passenden Baum zu finden, und er sucht lange. Aber gefunden muß er werden. Was er im Sinne hat, ist das einzige, was getan werden kann, und es muß jetzt geschehen. Welchen Zweck hätte ein Aufschieben? Lauerte nicht auf jeden Fall der Tod auf ihn, lag hinter jedem Busch, stand hinter jedem Baum, bereit, sich über ihn zu werfen?

Etwas drückt ihn im Stiefel, sticht bei jedem Schritt, und zuletzt setzt er sich hin und zieht den Stiefel aus. Es ist eine Kiefernadel, die im Strumpf steckt. Als er sie entfernt hat, zieht er den Stiefel wieder an und schnürt ihn wie gewöhnlich zu.

Weiter oben ist es sicher leichter, einen Baum mit einem brauchbaren Ast zu finden, er war schon an einigen vorbeigekommen, die gar nicht so schlecht, gar nicht unmöglich waren. Er macht kehrt und steigt wieder aufwärts, nein, er will es nicht mehr so genau nehmen: hier ist eine abgestorbene Kiefer, die hat einen Ast. Er wirft den Strick über den Ast und legt sich zur Probe mit seinem ganzen Gewicht hinein. Natürlich bricht der Ast. Er sucht weiter oben und findet eine andere Kiefer, macht wie voriges Mal einen Versuch und scheint am Ziele zu sein: der Ast hält. Er gibt sich sogar Mühe, ihn zu brechen, aber der Ast hält. Was hindert ihn denn? Sollte er sich umsonst die große Mühe gemacht haben? Er war unvorsichtig mit seinen wunden Händen, sie ertrugen es nicht, sie bluteten, schmerzten gleichsam von neuem Brennen, es pocht in ihnen. Aber was denn! Er legt den Strick zurecht, befestigt ihn am Ast, knüpft die Schlinge, 106, 106.

In ein paar Tagen wird es viel Krähengeschrei über dieser Kiefer geben, die Leute gehen dem Geschrei nach und finden ihn hängen. Die Füße reichen jetzt fast auf den Boden, er hat sich gestreckt, der Hals ist unnatürlich lang und dünn geworden.

Tut er es jetzt nicht, so holt der Tod ihn gleichwohl heute oder einen andern Tag, dem Tod konnte man nicht entgehen, warum ihn dann fliehen, warum nicht gleich den Hals hineinlegen? Er scheucht einen Vogel auf, eine Drossel, so klein und unschuldig und gewandt, aber all dem heißt es Lebewohl sagen, und der kleinen Leonora in der Stadt auch...

Das nächste ist, daß er es nicht tut. Er sitzt im Heidekraut, bläst auf seine Hände und weint. Gott steh uns bei, wir sind jämmerlich, wir sind Menschen! Da man nicht am Tod hängen kann, hängt er am Leben. Der Selbstmörder hat nichts, für das er leben kann, er sieht nicht die Sonne, nichts auf Erden macht ihn froh, 106,106, Brennen in den Händen, todmüde, er ist ein Nichts, er friert sich in den Schlaf.

Das Brennen weckt ihn fast augenblicklich wieder, und er erhebt sich. Er sieht sich ängstlich um, als wäre etwas hinter ihm her, läßt den Strick hängen und macht sich auf den Weg nach der Sennhütte. Hund, sagt er zu sich selber, Hund, Hund...

Das ist meiner Meinung nach eine der erschütterndsten Szenen, die man sich (auch selbstmordprophylaktisch) vorstellen kann, und bis heute grüble ich oft nach, wieso gerade dieses Buch mir als erstes Hamsunsches Werk begegnete.

Ich gehe jetzt zum zweiten Teil meines Vortrages über und möchte über die schlimme politische „Verirrung“ von Knut Hamsun sprechen. Ich werde vorsichtig versuchen, einige ihrer Quellen aufzudecken. Ich habe gerade für das Hamsunsche politsche Verhalten ein neues Wort geprägt: „emotionale Dummheit“, einen Begriff, der seiner dichterischen Größe keinen Abbruch tut.

Welche Formen der Dummheit gibt es?

Zuerst nenne ich die intellektuelle Dummheit. Intellektuell dumm ist der organisch (cerebral) schwachsinnige Mensch. Wir dürfen ihn nicht verachten! Er hat eben nicht die Geisteskraft, um die Dinge ordnend zu verstehen und zu begreifen. Christian Morgenstern sagt: „Ein Esel sprach zu einer Eselin: ‚Ich bin so dumm, du bist so dumm, wir wollen sterben gehen, kumm.‘“ Nicht einmal dieser Spruch, der die Not des Schwachsinnigen, seine Neigung zu unlogischen Kurzschlußhandlungen bemitleidet oder verspottet, wird der Sachlage gerecht, denn Schwachsinnige wissen ja nicht einmal, daß sie dumm sind.

Neben dieser organischen Dummheit gibt es eine

andere, die auch bei sehr gescheiten Menschen auftreten kann, indem sie nämlich ihren Verstand schlafen lassen. In diesem Zusammenhang möchte ich an das Werk Goyas erinnern, in dem der große Maler die schlafende Vernunft dargestellt hat. Er hat darunter etwas geschrieben (übrigens wie ja sonst auch sehr oft, zum Beispiel bei den Kriegsbildern), nämlich: „Wenn die Vernunft schläft, werden Ungeheuer geboren."

Für mich ist Verstand mit Vernunft nicht deckungsgleich. Um den Verstand zur Vernunft zu erweitern, müssen zu den intellektuellen Fähigkeiten verantwortungsvolle Gefühle und Gefühlswärme hinzukommen. Anderenfalls werden „Intelligenzbestien" oder zumindest „Fachidioten" geboren, beides letzlich „dumme" Menschen in ihrer Grausamkeit oder Einseitigkeit.

Um diese Art von Dummheit besser veranschaulichen zu können, gestatten Sie mir einen Exkurs. Im Vorwort zu Haim Ginotts Buch „Takt und Taktik im Klassenzimmer" heißt es:

„Liebe Lehrer!

Ich habe ein Konzentrationslager überlebt. Meine Augen haben Dinge gesehen, die kein menschliches Auge je erblicken sollte: Gaskammern, erbaut von gebildeten Ingenieuren; Kinder, vergiftet von wissenschaftlich ausgebildeten Ärzten; Säuglinge, getötet von erfahrenen Kinderschwestern; Frauen und Kinder, erschossen und verbrannt von ehemaligen Oberschülern und Akademikern. Deswegen traue ich der Bildung nicht mehr. Mein Anliegen ist, helfen Sie Ihren Schülern, menschlich zu werden. Ihr Unterricht und Ihr Einsatz sollen keine gelehrten Ungeheuer hervorbringen, keine befähigten Psychopathen, keine gebildeten Eichmanns. Lesen, schreiben und Arithmetik sind nur wichtig, wenn sie dazu beitragen, unsere Kinder menschlich zu machen."

Meine Damen und Herren, ich will nicht über die Schweiz reden, weil ich sie zu wenig kenne. In Österreich ist es so, daß wir eine Schule haben, die zwar bildungsmäßig funktioniert, aber bei der Entwicklung der menschlichen Seele unglaublich viel zu wünschen übrig läßt. Sie tut so, als hätten die Kinder keine Gefühle! Und selten sind die Gefühle ein solcher Vulkan, wie gerade in der Jugendzeit! Ingmar Bergmann hat gesagt: „Unsere Kinder verlassen die Schule als Analphabeten des Gefühles." Sie, in der Schweiz, hatten ja den großartigen Pädagogen Pestalozzi und daher hoffe ich, daß Ihre Schule besser ist als unsere.

Die Hitlerzeit hat gezeigt, welche Bestialität entstehen kann, wenn es zu keiner Verbindung zwischen Intellekt und Gefühl kommt. Das Gefühl sollte ja gleichsam der Träger unseres Verstandes sein. Das Gefühl beeinflußt unseren Verstand, und das, was wir unsere Weltanschauung nennen, ist in Wirklichkeit häufig nichts anderes, als der rationale Überbau über unsere Gefühle. Wenn wir von positiven Gefühlen beherrscht sind, dann ist unsere Weltanschauung eine menschenfreundliche. Sind wir von zerstörerischen Gefühlen beherrscht, dann ist unsere Weltanschauung eine destruktive. Hören Sie ein Gedicht einer jungen Salzburgerin, Ulrike Parnreiter:

> hinter verschlossenen türen
> auf den ausbruch wartend
> das gefühl
>
> gefühle zeigen
> zum zartsein neigen
> über nichts mehr schweigen
> ist nicht erlaubt
>
> gefängniswärter
> zu tausenden lauern
> auf ein vergehn

ertragen des steinseins
erdulden des scheinseins
die qual des alleinseins
ist ihr gebot

in kalkweißen zellen
vor kälte wimmernd
ein stück menschheit

So sieht also der Mensch aus, der gezwungen ist, seine Gefühle zu unterdrücken. Er wird zum Stein, so hart, so scheinbar kalt. Er wird zum „Schein", weil er eine Maske trägt, hinter der in Wahrheit die Verzweiflung und Erbitterung steckt, und er wird zum Einsamen, zum Isolierten, weil man nur über die Gefühle mit anderen Menschen kommunizieren kann. Hier fällt mir Hermann Hesse ein:

Seltsam im Nebel zu wandern!
Leben ist Einsamkeit.
Kein Mensch kennt den anderen.
Jeder ist allein.

Hamsun war natürlich weder schwachsinnig oder dement, noch eine Intelligenzbestie, noch ein Fachidiot. Damit komme ich zu der Frage der „emotionalen Dummheit". Während bei der Art der Dummheit, die ich gerade besprochen habe, der Verstand dominiert und das Gefühl verkümmert ist, wird bei der „emotionalen Dummheit" der Mensch bei aller Gescheitheit von einer Fülle von Gefühlen so überwältigt, daß er die Gescheitheit über Bord wirft. Man könnte hier auch von einer Emotionalisierung des Menschen sprechen. Und Sie wissen alle, meine Damen und Herren, daß bestimmte Politiker immer versucht haben und versuchen, die Menschen zu emotionalisieren und in ihnen solch einen Gefühlssturm zu erwecken, daß sie den Verstand an der Garderobe abgeben und sich bedingungslos ihren Gefühlen überlassen.

Ich werde heute nur zwei Symptome, nämlich die augenfälligsten, dieser „emotionalen Dummheit“ bei Knut Hamsun nennen. Zum ersten Symptom: Hamsun hat sein Leben lang die meisten Auszeichnungen zurückgewiesen. Er wollte auch den Nobelpreis, der ihm zugedacht war, nicht annehmen und konnte nur mühsam überredet werden, ihn zu akzeptieren. Er empfing ihn im Jahre 1920 für sein Buch „Segen der Erde“ in Stockholm aus der Hand des schwedischen Königs, beziehungsweise seines Bruders. Das war, rein äußerlich gesehen, der Höhepunkt seiner Karriere. Er hat sich, nachdem ihm der Preis überreicht worden war, etwas angetrunken, und er verließ in diesem Zustand die Feier. Ein Diener lief ihm nach, denn er hatte den Rock nicht angezogen, und in dem Rock war der Scheck des Nobelpreises.

Viele Jahre später, 1943, schrieb Hamsun an den Reichspropagandaminister des Deutschen Reiches, Josef Göbbels, nachdem er eine Unterredung mit ihm gehabt hatte, einen Brief und diesem schloß er die Plakette der Nobelpreisverleihung bei, also der höchsten Auszeichnung, die er je erhalten hat. In dem Brief betonte er, er wisse keinen anderen, in dessen Hände er diese Auszeichnung legen solle als in seine (!!) und schenkte ihm die Plakette. Göbbels schrieb ihm einen sehr bewegten Dankbrief.

Das zweite Symptom ist vielleicht der absolute Höhepunkt der „emotionalen Dummheit“: Am Tage, als Hamsun erfuhr, daß Hitler gestorben war – damals war jedem klar, daß die Kapitulation Deutschlands unmittelbar bevorstand –, schickte er einen Nachruf für Hitler an die „Aftenpost“. Er erschien in der letzten Nummer dieser Zeitung unter deutscher Besetzung, noch am selben Tag wurden die Nationalsozialisten in Norwegen verhaftet. Meine Damen und Herren, dieser „letzte Gruß“ an Adolf Hitler hatte folgenden Wortlaut:

Ich bin dessen nicht würdig, mit lauter Stimme über Adolf Hitler zu sprechen, und zu sentimentaler Rührung laden sein Leben und seine Taten nicht ein. Er war ein Krieger, ein Krieger für die Menschheit und ein Verkünder des Evangeliums vom Recht für alle Nationen (!!). Er war eine reformatorische Gestalt von höchstem Rang, und es war sein historisches Schicksal, in einer Zeit der beispiellosesten Rohheit wirken zu müssen, dic ihn schließlich gefällt hat. So wird der gewöhnliche Westeuropäer Adolf Hitler sehen, und wir, seine treuen Anhänger, neigen nun unser Haupt angesichts seines Todes.

Vielleicht ist es interresant zu unterstreichen, daß Hamsun bis zuletzt die Vorstellung hatte, daß Hitler kämpfend gefallen sei. Er wußte nicht – und es kam ihm offensichtlich gar nicht in den Sinn, daß es so sein könnte –, daß Hitler durch Selbstmord gestorben war. Das ist ein bemerkenswerter Punkt. Sie sehen, wie sich die Vorstellungswelt eines Menschen von der Wirklichkeit entfernen kann und mit ihr nicht zur Deckung zu bringen ist.

Ich versuche im folgenden die Ursachen, die zu Hamsuns katastrophaler „emotionalen Dummheit" geführt haben, aufzuzeigen. Dabei spreche ich auch über die Gegenwart, denn eine Fülle von diesen Dingen, die damals ein große Rolle gespielt haben, vermögen dies auch noch in unserer Welt.

Erstens: Man könnte Hamsun als den ersten grünen Dichter bezeichnen. Was er in den späten Jahrzehnten des vorigen und am Anfang unseres Jahrhunderts geschrieben hat, ist eine einzige Hymne an die Natur und eine intensive Warnung vor dem Zugrunderichten der Natur. Er schreibt einmal: „Wenn die Natur stirbt, verliert der Mensch."

Eine typische Szene, die in seinen Romanen wiederkehrt: Es gibt eine wundervolle Landschaft, die gedeiht und wo man glücklich ist. Da kommt ein Mann, der viel Geld hat, ein Abenteurer, ein Hasardeur – mit einem heutigen Begriff ausgedrückt –, ein

Manager. Er kauft das Land auf und beginnt, Fabriken zu errichten. Das Land verfällt, in der Umgebung geben die Bauern ihre Höfe auf, die jungen Menschen werden Arbeiter in der Fabrik. Sie begeben sich damit in eine vollständige Abhängigkeit und gehen letztlich an dieser Verlagerung, Entwurzelung, Entfremdung menschlich und auch oft physisch zu Grunde. Das ist eine der Grundsituationen Hamsuns, wie man sie zum Beispiel in der „Stadt Segelfoß" findet.

Was will ich damit sagen? Hamsuns Meinung war: das Heilige ist die Erde. Dies illustriert sehr gut eine Stelle aus dem „Segen der Erde": „Ihr, die ihr die Erde bestellt, ihr habt alles zum Leben, alles, für das zu leben sich lohnt, alles, an das zu glauben sich lohnt. Ihr seid Genährte und Ernährer, ihr seid die Notwendigen auf dieser Erde. Ihr erhaltet das Leben." Und damit wird auch klar, wo Hamsun seinen Todfeind sah, in der Industrie, die wie ein Verhängnis über die Menschen hereinbricht; in den Städten, die sich wie ein Krebsbrand in das Land hineinfressen.

Er schreibt an einer Stelle: „Kein Bach im entferntesten Tal, den diese Industrie verschonen würde. Jeden Bach zwingt sie und verwandelt sie in Industrie." Und an einer anderen Stelle: „Wenn sie könnten, würden sie sogar das Meer in Öl verwandeln."

Soweit könnte man Hamsun als einen Propheten von hohen Gnaden bezeichnen. Nun aber kommt etwas, was den ersten Schritt zur „emotionalen Dummheit" darstellt: Woher stammt die Industrie? Die Antwort Hamsuns: Die Industrie wird von England und Amerika nach Norwegen importiert. Und damit ist augenblicklich, ich komme darauf noch zurück, für ihn England und Amerika das Böse, das zu Bekämpfende, das, von dem alles Unglück seinen Ausgang nimmt. Und so haben Sie einen ersten Hinweis für ein entscheidendes, kurzschlüssiges politisches Denken Knut Hamsuns.

Jetzt der zweite Punkt: Hamsun, der selbst in ungeheurer Not aufgewachsen war, wurde durch den Reichtum, den er bekam, in seinem Wesen eigentlich nicht verändert, er wurde kein Neureicher. Geld bedeutete ihm stets sehr wenig, siehe die Affäre bei der Nobelpreisverleihung. Er bewohnte ein Gut, auf das er stolz war. Dort lebte er mit seiner Frau, und beide betrieben Landwirtschaft: Er blieb ein naturverbundener Mensch.

Hamsun war immer auf der Seite der Armen. Die Armen waren für ihn die eigentlichen Menschen. Er sagte einmal (Und denken Sie bitte dabei auch an die Gegenwart: Die Schweiz und Österreich, beide sind wohlhabende und reiche Länder.): „Die einen sind reich und haben keinen Lebenssinn, und die anderen sind arm, aber haben einen Sinn." Und wenn nun die Reichen in die Armen infiltrieren und sie sozusagen auf ihre Seite ziehen, so ist damit lange noch nicht gesagt, daß die anderen auch reich werden, aber eines ist sicher, daß sie ihren Sinn verlieren. „Hunger", der Titel, der Hamsun berühmt gemacht hat, Hunger ist das Symptom der Armut, der Not, aber Hunger hindert nicht, menschliche Werte zu entwickeln. Wo entwickeln die Reichen die menschlichen Werte?

Meine Damen und Herren, gestatten Sie mir einen kurzen Exkurs in die Gegenwart! Vor einiger Zeit habe ich im Fernsehen eine Begegnung des Herrn Bundeskanzler Kohl mit dem Herrn Ministerpräsidenten der „Noch-DDR" Modrow gesehen. Da war völlig klar: auf der einen Seite der Reiche, Mächtige und auf der anderen Seite der Arme, Ohnmächtige! Und wir haben erlebt, wie verächtlich der Reiche, Mächtige mit dem Armen, Ohnmächtigen umgegangen ist. Bei uns sagt man: „So kann man nicht einmal einen Hund behandeln!", womit man natürlich nicht meint, daß man Hunde schlecht behandeln soll.

Jetzt komme ich auch bei diesem Punkt zu dem gleichen Fehlschluß Hamsuns. Er erlebt, wie die Engländer und Amerikaner als Fremde das Land überschwemmen und mit Geld unterwerfen. Also sind *sie* die Reichen, denen das Materielle mehr als alles andere bedeutet. Der nächste Kurzschluß bei seiner Ablehnung der beiden Länder: Sie sind Mutterländer der Demokratie und diese Staatsform wird von Hamsun abgelehnt, sie ist ihm suspekt, weil die Weisheit selten bei der Mehrheit zu finden sei.

Ein weiterer Punkt auf dem Weg in die „emotionale Dummheit“: der Erste Weltkrieg. Heute ist es klar, daß der Erste Weltkrieg letztlich von dem Machtstreben Wilhelms II., eines ebenso größenwahnsinnigen wie schwachen „Narren“, ausgegangen ist. Aber Hamsun erlebt das anders: Die bösen Engländer machen die Blockade, sie hungern die Deutschen aus, die Kinder gehen zu Grunde, sie haben nichts zu essen. Hamsun liebt die Kinder und außerdem fühlt er sich an seine Jugend, an die Not, die er nicht zuletzt in den USA gelitten hat, erinnert, also steht er bedingungslos im Ersten Weltkrieg an der Seite Deutschlands. Er ist über den Ausgang des Krieges verzweifelt und erwartet, daß – wie er meint – das Unrecht, das er durch die Friedensverträge manifestiert sieht, sich eines Tages an den grausamen Siegern rächen werde. Er erhofft einen strahlenden Helden, der diese Verträge zerreißt, als wären sie nie existent gewesen und dieses hungernde Volk aus der Not hinausführt. All dies drängt ihn noch stärker an die Seite Deutschlands und bereitet die Wege zu Hitler in seinem Inneren.

Neben der Industrie sah Hamsun eine Todesgefahr für die Natur im Fremdenverkehr. Nun, meine Damen und Herren, wieder ein Bezug zur Gegenwart: Ich komme soeben aus Tirol. Tirol hatte den Landeshauptmann Wallnhöfer, der sich ungeheurer Sympathie erfreute. Er gilt auch heute noch, nach seinem Tode, als ein unverwüstliches Denkmal. Er hat den Fremdenverkehr in Tirol groß gemacht und Tirol mit Einrichtungen für die Versorgung der Touristen zubetoniert. Sie können daher heute immer seltener ein Dorf finden, wo noch die alte Struktur unbeschädigt besteht. Überall ist zu lesen: „Pension", „Hotel", „Frühstückspension". Alles ist auf den Fremdenverkehr ausgerichtet. Irgendwann wird das umschlagen, und es wird überhaupt keinen Fremdenverkehr mehr geben. Die Fremden werden ausbleiben, weil sie immer seltener finden, was sie suchen: die Natur. Häßliche, neue Häuser und Schilifte allein machen den Urlaub nicht glücklich. Da wir somit vom Fremdenverkehr sprechen, wage ich es Ihnen zu melden, was Hamsun über die Schweiz gesagt hat: „Dieses kleine Scheißvolk", bitte, ich muß es wörtlich zitieren, „wo Schiller und Goethe nicht geboren wurden." Das war schlimm, aber er hat es deswegen gesagt, weil er die Schweiz für ein Land des Fremdenverkehrs hielt, welches einzig und allein dadurch reich geworden sei. Er war ferner der Meinung, dieses Land wäre ein Land ohne Schicksal, weil es ein Land ohne Krieg sei. Was wir als ein unbeschreibliches Glück empfinden, das war für Hamsun eher ein Minus- als ein Pluspunkt. Deutschland aber blieb in den Augen Hamsuns ein armes Land und vor allem kein Land des Fremdenverkehrs.

Bevor ich zum nächsten Kurzschluß Hamsuns komme, lese ich Ihnen aus dem „Völkischen Beobachter" vom Jahre 1920 vor:

> Wie groß müssen unsere Städte werden, bevor die Leute genug haben, bevor wir die Mietskasernen ein- und das Pflaster aufreißen, die Löcher auslüften und zwischen den Mauern Gärten pflanzen, damit der Mensch wieder frei atmen kann?

Hamsun war ein aufmerksamer Leser vieler Zeitungen. Er war sehr bald der Überzeugung, der Nationalsozialismus wäre eine Bewegung für die Natur, für den – heute würden wir sagen – Umweltschutz. Er hat diesen unseligen Blut-Boden-Mythos aus seinem Wunschdenken heraus mißverstanden und geglaubt: „Das ist meine Ideologie, das ist die Partei, die genau das verwirklichen wird, nämlich eine gesunde, naturbetonte, grüne Welt, die ich herbeisehne." Wir sehen also, daß Hamsun bereits in den Anfängen des Nationalsozialismus mit dieser Ideologie sympatisierte.

Ich komme zum nächsten Punkt. Hamsun hat Norwegen immer als einen nordischen Staat gesehen. Vom nordischen Staat, über den nordischen Menschen (auch eine Art von Rassismus) zu Hitler, der vom germanischen, vom nordischen Menschen geträumt hat und der ein nordisches Reich errichten wollte, ist es nicht weit. Übrigens hat sich Hamsun in seinen positiven Stellungnahmen zu Hitler und dem Nationalsozialismus wiederholt auf diese Gemeinsamkeit berufen.

Norwegen wurde 1940 von Hitler besetzt. In letzter Sekunde gelang es dem König, nach England zu entkommen. Hamsun bezeichnete dies als einen ungeheuren Fehler. Er sagte: „Was ist das für ein König, der sein Land in der entscheidenden Stunde im Stiche läßt!" Er begrüßte die deutsche Besatzung als eine Art Befreiung und verfaßte ein feierliches Manifest, worin er die Norweger beschwor, den Deutschen keinen Widerstand zu leisten.

Dieses Manifest war nicht erfolgreich, die Norweger bezogen eindeutig Position gegen Hitler, sie standen ja schon vor der Besetzung ihres Landes ganz eindeutig auf der Seite Englands. Die deutsche Tyrannis und Zwangsherrschaft schrecklichster Art unter der Leitung des Reichskommissars Terboven, die in Norwegen ausgeübt wurde, ließ dann die Menschen nur noch mehr gegen Deutschland empört sein.

In diesem Zusammenhang muß ich etwas erzählen, was ja heute noch einmal zur Sprache kommen wird: Sehr oft, wenn die Deutschen als Vergeltungsmaßnahme für „Sabotageakte“ Hinrichtungen durchführen wollten, wandte man sich an Knut Hamsun und bat ihn wegen seiner guten Beziehungen, bei den Deutschen zu intervenieren. Hamsun sagte zwar: „Ich habe doch geschrieben: ‚Wehrt euch nicht!‘ und jetzt soll ich hergehen und für diese Menschen, die sich wehren, bitten.“, aber er hat es dann dennoch getan. Er ging wiederholt zu diesem schrecklichen, ungebildeten Lehrer und ehemaligen Gauleiter, Terboven, und bat um das Leben der Menschen.

Nachdem er sah, daß er mit Terboven zunehmend nicht zurechtkam, telegraphierte er an Hitler. Als Hitler solche Telegramme zu viel wurden, antwortete er, er sei nicht zuständig, Hamsun möge sich an Terboven wenden. Manche Interventionen Hamsuns gelangen, und manche blieben erfolglos, und mit der Zeit wurden die Deutschen mißtrauisch und meinten, daß er vielleicht auch das Spiel ihrer Feinde treibe. Wir sehen also die schwierige Rolle, die Hamsun nach beiden Seiten spielte. Er träumte dennoch, daß die Deutschen nach ihrem Sieg Norwegen wieder räumen würden, aber das Land Bestandteil des großen nordischen Reiches sein werde.

Dann muß ich als nächste Wurzel seiner emotionalen Dummheit anführen: Hamsun hatte in zwei Ländern der Erde den größten Erfolg, in Deutschland und in der Sowjetunion. Es gibt kaum eine Sprache, in die die Werke Hamsuns nicht übersetzt wurden, aber in diesen beiden Ländern war eine außergewöhnliche Begeisterung für ihn da, und das hat zur Folge gehabt, daß Hamsun sich dort besonders zu Hause fühlte. Nirgends aber erreichten seine Werke so hohe Verkaufsziffern wie in Deutschland, und dies erzeugte bei ihm einen zusätzlichen emotionalen Sturm in Richtung

Deutschland. Er war einmal in der Sowjetunion und kam bis Persien, er war mehrere Male in Deutschland. Ich möchte bei dieser Gelegenheit erwähnen, daß er dann auf dem Weg von München nach Mailand durch die Schweiz gefahren ist. Natürlich haben ihn die Schweizer zur Rede gestellt und gefragt: „Herr Hamsun, sind wir wirklich so ein kleines Scheißvolk, wie sie geschrieben haben?“ Und da hat Hamsun klar geantwortet: „Nein, das muß ich zurücknehmen, das tut mir leid, ich will das nicht mehr sagen.“ Um dieses Umdenken voll zu würdigen, muß man wissen, daß er alles, nur kein Zurücknehmer war. Wenn man ihn angriff, wurde er im Gegenteil noch starrer, hielt noch mehr an dem fest, was er gesagt hatte, wobei seine „emotionale Dummheit“ sicher wieder eine gewisse Rolle gespielt hat.

Der nächste Faktor ist die Religion. Dieser Bereich hat, psychodynamisch gesprochen, sein Leben sehr beeinflußt. Er hatte zwei Onkel, der eine war ein mißgünstiger, finsterer Mann, der andere lebenslustig. Der letztere kümmerte sich sehr um Knut, führte viele Gespräche mit ihm, nahm ihn oft auf Wanderungen mit, ließ ihn früh die Natur entdecken. Man kann wohl sagen, daß sehr viele Figuren in Hamsuns Büchern, besonders aber der unsterbliche Wanderer „August Weltumsegler“ an den guten Onkel erinnern. Der andere Onkel, Bruder von Hamsuns Mutter, war ein reicher Kaufmann voller religiösem Eifer. Eines Tages verlangte er von seiner Schwester, die bei ihm verschuldet war, als Abzahlung die Überlassung Knuts. Unter diesem Onkel litt Hamsun dann enorm. Er war ein Frömmler sondergleichen, konnte überhaupt nichts tun, ohne von Gott, der Religion und dem wunderbaren Christentum zu reden und hat durch seine Art die denkbar schlechteste Propaganda für das Christentum gemacht, die man sich vorstellen kann. Hamsun beschrieb diesen Onkel später so:

Mein erster Eindruck von Lars Oftedal ist für mich mit einem Sonntagnachmittag in meiner Kindheit verknüpft. Diese Erinnerung ist von seltsamer Eindringlichkeit. Ein Sonntagnachmittag mit blauem Himmel und stillem, stillem Wetter, ein Frühlingsabend mit Birkhahnspiel im Osten, einem großen gelben Hund, der nach Norden in Richtung auf die Berghänge zu japsend wilderte, und einer blutroten Sonne, die im Westfjord unterging.

Ich hatte mich so sehr auf diesen Abend gefreut. Draußen auf dem Hofplatz standen zwei Kameraden vom Nachbarhof und warteten auf mich – aber ich sollte lesen! Im Haus gab es jetzt ein neues Blatt, den „Bibelboten" aus Stavanger, viele fürchterliche Nummern, fürchterlich viele. Ich las Oftedal. Ich saß in einer stikkigen, warmen Stube, um mich her Menschen in dunklen Kleidern, Menschen, die gerade aus der Kirche kamen und nun düster und bedächtig dasaßen und auf den Anruf des Heiligen Geistes in ihrem Herzen achteten. Dicht vor mir stand ein großer schwarzer Kachelofen mit unheimlichen Drachen an der Tür – damals entdeckte ich zum ersten Mal, daß etwas Unheimliches an diesen Türen war. Und draußen strömte zarteres Licht in jähem Aufglühen aus dem Lofotenhimmel. Die Sonne färbte dort, wo ich saß, jedes Blatt zwischen meinen Fingern rot, bei jedem Punkt hörte ich oben am Hang den Birkhahn, bei jeder neuen Zeile sah ich den Hund weiter und weiter entfernt, bei jeder neuen Nummer, nach der ich griff, hörte ich so deutlich meine Kameraden meinen Namen flüstern und sah sie, wie sie sich vorbeugten und bange in mein Fenster hineinblickten. Und da saß ich.

Ich las. Sieben Menschen hockten um mich herum und hörten mir zu. Eine Stunde, zwei, drei Stunden von der Zeit der Gnade, ein ganzes Abendmahl, ein Wort Gottes inmitten der Glut höllischen Feuers – eine gesegnete Stunde, in der mein Herz sich wand und meine Zuhörer sich an der Berührung mit Gott berauschten. Und während ich las, entschwand der Hund in immer größere Ferne, und die Sonne versank.

Ich las und las, aber es wollte kein Ende nehmen: große rohe Worte, die ganz meinen Mund anfüllten, lange, harte Sätze, bei denen mir der Atem ausging und die mir im Kopf brummten, die in die Stube hinausgeschleudert wurden, und von den Wänden widerhallten. Der gute, fremde Mann in Stavanger peinigte mich unsäglich, ich wollte ihn wirklich nicht lieben, ich wollte nicht einmal seine Blätter mehr lesen, wenn ich erst einmal groß war, er war ein dicker, düsterer Mann, der, wenn er allein war, ganz gewiß Fliegen quälte, oh, ich haßte ihn, er verdunkelte mir sogar die Sonne, dieser liebe, gute Mann aus Stavanger... In der Stube dunkelte es, die Sonne war halb versunken, der Hund verschwunden.

Und noch immer las ich. Ich las wie ein Rasender. Ein aufrührerischer Zorn hatte mich erfaßt, ich übersprang jede zweite Zeile, nahm jede Gelegenheit wahr, zwei Seiten gleichzeitig umzublättern, erhob meine Stimme immer höher und zerknitterte das teure Wort Gottes in meiner Hand mehr als notwendig. Aber Oftedal hielt durch. Mit jeder Nummer erschien er mir härter und strenger, zutiefst erfüllte mich das klare Gefühl, daß er nach und nach meine ganze helle Sonntagsstimmung mit seinen rohen Worten verdarb, und ich verfluchte ihn in verbissenem Ingrimm – ihn mit allen seinen niederdrückenden Quälereien. Was gingen mich seine dunklen, freudlosen Predigten an? Ich verstand seinen schweren Stil und die vielen groben Worte, würdig eines Henkers, nicht. Mein Herz lehnte sich gegen diesen plumpen Transieder auf, der mit seinem einfältigen, lauten Gerede von Gott in meinem kleinen Hirn herumwühlte. Und da saß ich nun und mogelte mich wie ein durchtriebener Gauner durch diese Lesung hindurch.

Dann war die Sonne versunken. Nur der Himmel glühte noch über dem Meeresrand. Noch lange mußte ich dasitzen und Oftedal lesen, Nummer nach Nummer, viele gewichtige Bibelstellen, die ich nicht zu begreifen vermochte, grauenhaft schwierige Namen aus dem Land der Juden, die ich ständig falsch las: Elzaphan, Schelumiel, Zurisaddai, Jizeharitam. Da gab es Lehrbetrachtungen und „Gebete fürs Kämmerlein", Jahresberichte und Predigten, trübselige geistliche Lieder von der Liebe zu Jesus und plumpe eifrige Bettelworte um Geld für die Armen. In einer und derselben Predigt war die Rede von allem nur Erdenklichen auf der Welt, vom Leiden Christi bis zu Langgaards Kautabak, von Austern bis zu Engeln, von Molkenkäse bis zum Strohhut, vom Walfische im Meer bis zum Badeschwamm. Die Unordnung in diesen Gedanken ermattete mich, mein kleiner Verstand wurde zwischen all diesen Begriffen hin und her geworfen und fand nirgends einen Ruhepunkt. Trotzdem las ich weiter, las bis zur letzten Seite; es hätte nichts genützt, um Aufschub zu bitten, ich wagte nicht einmal, mich gleich zu entfernen, als ich bis ans Ende gelangt war, denn danach mußte eine stille, andachtsvolle Pause eintreten. Auch sie stand ich noch durch. Unbeweglich und schweigend saßen die sieben Menschen da. Ich schlich mich zur Tür, öffnete sie sehr behutsam und verschwand.

Als ich hinauskam, war es dort schon kläglich still; ich entdeckte nicht ein Lebenszeichen. Meine Kameraden waren nach Hause gegangen, und auch der letzte Sonnenstreif war ausgelöscht. Nur der Birkhahn kollerte noch weit in der Ferne, lachte, schlug mit dem Flügeln, meckerte und schüttelte seinen kleinen Körper wie ein blauer, kläffender Teufel, der mit dem Finger auf mich zeigte. Unendlicher Mißmut ergriff mich, ich fühlte mich jeder Freude bar. Dieses brutale biblische Matrosengeschwätz hatte mich ausgehöhlt und zu einem kleinen tollwütigen Satan gemacht, ich war von Haß gegen die ganze Welt erfüllt und weinte vor Zorn.

In dieser Stunde hatte ein sehr wohlmeindender Diener des Herrn, des Freundes der Kinder, es fertiggebracht, mein Leben nachhaltiger zu verdunkeln, als es einem Menschen, der es aus bösem Willen darauf angelegt hätte, möglich gewesen wäre. Meinem Gemüt war ein schwerer Stoß versetzt. Ich fühlte mich vom Leben ungerecht behandelt. Ich war um eine Stunde eines lichten Tages dieses Lebens betrogen. Es sollten noch Jahre vergehen, bis ich dies vergaß...

Meine Damen und Herren, ich habe ein Buch mit dem Titel „Religionsverlust durch religiöse Erziehung" geschrieben. Der Titel sagt: Es gibt eine bestimmte religiöse Erziehung, die das Gegenteil dessen erreicht, was sie erreichen will. Hamsun zeigt eindrucksvoll, daß man bei der religiösen Erziehung wohl überlegen muß, ob man damit nicht Überdruß, Widerstand, Verbitterung, ja sogar Verzweiflung erzeugt. Hamsun hielt sich später immer von kirchlichen Vereinigungen fern. Einmal versuchte er es mit einer Sekte, mit den sogenannten Unitariern, kam aber dann wieder davon ab. Schon diese Bemühungen beweisen seine religiöse Sehnsucht. Und dem entsprechend kommt in seinen Büchern Gott immer wieder vor, Alpha und Omega seines Denkens und Suchens: Er sehnte sich nach einem Gott, an den er glauben konnte, der keine Heuchler wollte.

Wie stand es diesbezüglich mit dem Nationalsozialismus? Auf den ersten Blick sehr ähnlich. Ich darf Sie daran erinnern, daß in den ersten Reden Hitlers Gott immer wieder vorkommt: „Gott der Allmächtige, möge uns segnen…, die Vorsehung Gottes…" Die „berühmte" Rede, die Hitler in Potsdam hielt, schloß er mit dem Wort „Amen". Da konnte es passieren, daß man in Hitler einen religiösen Menschen vermutete, zwar nicht im kirchlichen Sinn, aber doch im Sinn eines Glaubens an eine göttliche Macht. Und dies nahm Hamsun an.

Wie es in Wahrheit aussah, möchte ich Ihnen mit einer Geschichte beweisen, die ich persönlich erlebte. Die Leute, die sich zum Nationalsozialismus hingezogen fühlten oder sich aus Opportunismus für ihn deklarierten, traten in Österreich aus der römisch-katholischen Kirche aus und nahmen statt dessen ein anderes Glaubensbekenntnis an: Sie bezeichneten sich als „gottgläubig". (Und das war vielleicht im Wortsinn das, was Hamsun anstrebte.) Aber dieses Wort war ja bei den Nazis nur eine Worthülse ohne jeden Inhalt.

Ende 1943 arbeitete ich im Lazarett XIa im Rudolfsspital als eine Art Hilfsarzt. Eines Tages wurde ein höherer SS-Offizier bei uns eingeliefert. Dieser Mann sollte wieder an die russische Front gehen und hatte, weil er den Krieg als verloren erkannte, in selbstmörderischer Absicht Leuchtgas eingeatmet, welches damals noch nicht entgiftet war. Er wurde in einem moribunden, das heißt hoffnungslosen Zustand eingeliefert. Da kam seine Frau und fragte mich nach dem Befinden ihres Mannes. Ich antwortete: „Liebe Frau, unsere ärztliche Kunst ist da am Ende. Da kann man nur noch zu Gott beten." Und darauf sagte diese Frau ein Wort, das so erschütternd war und das ich nie vergessen werde, nämlich: „Das kann ich nicht, denn ich bin gottgläubig." Und damit enthüllte sie, daß die Wirklichkeit dieser Gottgläubigen die Gottlosigkeit war. Die brutale und grausame

Form, in der Hitler die christlichen Kirchen, besonders die Katholische Kirche verfolgte, ist ein weiterer Beweis dafür, daß Gott für ihn nicht existierte. Außer Zweifel: Wenn Hitler den Krieg gewonnen hätte, hätte die Katholische Kirche in seinem Herrschaftsbereich offiziell nicht mehr existieren dürfen. Hamsun hat sich also auch hier getäuscht, weil er auf Grund seines emotionalen Stromes zu und für Hitler bis zur „emotionalen Dummheit“ täuschbar war. Allerdings muß an dieser Stelle erwähnt werden, daß er (leider) mit dieser Fehleinschätzung keineswegs allein dastand. Sogar die Katholische Kirche versuchte, mit ihm zu paktieren (Konkordat), wertete Hitler als „Bollwerk gegen den Kommunismus“ (und billigte wohl auch im Stillen seinen Antisemitismus), statt zu erkennen, daß christliches Denken und nationalsozialistische Unmenschlichkeit niemals vereinbar sein konnten.

Wir haben jetzt einige Quellen kennengelernt, die zusammen schließlich zur „emotionalen Dummheit“ Hamsuns gegenüber Hitler geführt haben könnten, und wir haben auch gesehen, wie diese Quellen sich gegenseitig in ihrer Wirkung unterstützten und verstärkten. Ich komme nun zur vorletzten Quelle, die wir doppelt auffassen müssen, nämlich wörtlich und symbolisch. Hamsun wurde etwa um das Jahr 1936, also im Alter von 77 Jahren, immer schwerhöriger, am Ende seines Lebens war er praktisch taub. Er war dann immer weniger imstande, aus dem Radio Nachrichten zu vernehmen, abgesehen davon, daß er nur einen Volksempfänger besaß, weil ja die Nazis in Norwegen alle anderen Radioapparate, mit denen man England empfangen konnte, beschlagnahmten. Die Zeitungen, die Hamsun lesen konnte, waren die gleichgeschalteten Naziblätter, das heißt, wahre Nachrichten kamen nicht mehr an ihn heran. Das einzige, was ihn erreichte, waren Briefe, die sich über die

Gewaltherrschaft im Lande beklagten und solche, die ihn baten zu intervenieren. Die konnte er noch lesen. (Allmählich wurde auch seine Sehkraft sehr reduziert.) Er hat es auch seiner Familie später übelgenommen, daß sie ihn, aus welchen Gründen auch immer, nicht mit der Wahrheit konfronitierte, obwohl sie besser informiert war.

Die letzten Jahre verbrachte er in seinem Zimmer im ersten Stock seines Hauses. Ein langes Ofenrohr verband dieses mit dem Parterre. Wenn seine Frau an diesem Ofenrohr heftig schlug, begriff Hamsun, daß er gerufen war, und dann ging er hinunter, um sein Essen einzunehmen. Das war ein regelmäßiger Vorgang in seinen letzten Lebensjahren. Sicherlich haben gewisse Informationslücken bei seiner „emotionalen Dummheit" eine Rolle gespielt. Wir alle aber, meine Damen und Herren, sollten den Begriff „Schwerhörigkeit" auch symbolisch auffassen.

Ich glaube nämlich, daß jeder Mensch eine Neigung zu einer gewissen seelischen Taubheit und Blindheit hat, auch wenn er gut sehen und hören kann. Man sieht lieber nur das, was in die eigene Richtung paßt, man will nur das hören, was einem genehm ist. Eine Kritik, eine andere Meinung, etwas, das das eigene Weltbild zerstören könnte, versucht man, möglichst von sich fern zu halten. Das ist ja das Unglück heute: Klärende Gespräche, Kontragespräche mit These – Antithese finden nicht mehr statt. So müßte man also die Taubheit Hamsuns für uns auch ins Menschliche und Allgemeine übersetzen. Sie müßte für uns ein Aufruf sein, daß wir bereit sind, auch Dinge anzunehmen, die mit unserem Trend, mit unserem Wunsch, mit unserem sogenannten Weltbild nicht in Übereinstimmung stehen. Wir müssen uns der Wahrheit, so gut wir das können, verpflichtet fühlen und uns ihr stellen. Wissen ist Macht, Wissen erweitert unser Bewußtsein, gibt uns die Möglichkeit, Dinge besser zu verstehen, als wir sie bis dahin verstanden haben. Für Hamsun war diese Möglichkeit nur eingeschränkt gegeben, aber, so darf ich sagen, gegeben war sie.

Und jetzt komme ich zu der letzten Quelle, einem besonders erschütternden Punkt. Die Helden Hamsuns sind arme, verzweifelte Landstreicher, Deklassierte, Impotente, Selbstmörder. Nagel in den „Mysterien" springt ins Meer, geht unter, und die letzten Worte lauten: „Ein paar Blasen steigen auf." Hamsuns Herz war immer auf der Seite der Leidenden, der Gezeichneten, der Bloßgestellten. In „Die Weiber am Brunnen" ist Oliver der Held, der als Matrose durch einen Unfall – ein Mast war auf ihn gefallen – beide Hoden verloren hat. Er ist impotent, nicht zeugungsfähig, aber seine Frau bekommt Kind nach Kind. Oliver erträgt dies äußerlich mit Tapferkeit, ist aber innerlich verzweifelt. Hamsun leidet mit diesen Abseitigen, ich zitiere, aus der „Harzreise": „Aber abseits, wer ist's?" Diese Abseitigen Hamsuns wollen gar nicht wieder in die Gesellschaft, sie bleiben abseits. Sie klopfen nicht an, sie bitten nicht, sie bleiben außerhalb stehen. Und ich glaube, auch das hat bei Hamsun besonders in der letzten Zeit eine entscheidende Rolle gespielt.

Zu Beginn seiner Laufbahn hatte er die Erfolgreichen, „Wunderbaren" verachtet (Hansen). Am Ende seiner Laufbahn hat er die Verachteten bewundert, er hat sich zu ihnen gesellt. Auch der absurde Nachruf auf Hitler kann nur so gedeutet werden: ein Gang in das Reich der Verdammten. Hamsun wollte mit diesem Anhänglichkeitsbekenntnis sein Außenseitertum und seinen Wunsch, verachtet und ausgestoßen zu werden, gleichsam amtlich besiegeln. Hier erkennen wir aber vor allem auch seine neurotische Selbstschädigungs-, ja Selbstvernichtungstendenz, die so viele seiner Helden kennzeichnet.

Im Jahre 1945 stand Norwegen vor einer schwierigen Entscheidung. Auf der einen Seite sagten sich die Norweger: „Dieser Mann muß verurteilt werden wegen der negativen Wirkung, die er auf dem Gewissen hat.“ Ich will in diesem Zusammenhang daran erinnern, daß Hamsun im Jahre 1943 zu einer großen Propagandaveranstaltung der nazistischen Presseleute aller besetzten Länder in Wien eingeladen war. Er hielt dort eine Rede, die mit den Worten schloß: „England muß in die Knie.“ Und warum er das gesagt hat, das hoffe ich, heute ein wenig erklärt zu haben, aber, daß er es noch zu diesem Zeitpunkt sagte, beweist, daß er eine pathologische Lust empfand, sich ins Abseits zu stellen.

Die Norweger sagten sich also: „Er hat zwar nichts verbrochen, niemandem ein Leid angetan, sich nicht bereichert, aber dennoch muß seine Haltung, nicht zuletzt wegen der Beispielwirkung bestraft werden.“ Auf der anderen Seite wußten sie genau, daß es sich um einen der Größten handelte, die das Land je hervorgebracht hat. In diesem Dilemma haben sie eine schreckliche „Lösung“ gefunden – das darf gerade ich als Psychiater sagen –, sie haben beschlossen, ihn zum psychiatrischen Fall zu machen.

Ich habe den Psychiater, der dabei mitgespielt hat, nicht gekannt, aber seinem Nachfolger bin ich begegnet. Als ich in Oslo war, führte mich mein erster Weg in die Psychiatrische Klinik, und ich stand vor den Zimmern, in denen Hamsun untergebracht war, als er diese Untersuchung über sich ergehen lassen mußte, bei der man ihm Fragen stellte, wie zum Beispiel: „Wie heißt die Hauptstadt Frankreichs?“ Und da ist das herausgekommen, was der Staat wollte – der Psychiater war ja dabei nur ein Erfüllungsgehilfe: „anhaltende Schwächung der psychischen Funktionen“, eine Diagnose, die überhaupt nichts besagt, die aber ihren Zweck erfüllte: Hamsun wurde dann nur zu einer Geldstrafe verurteilt, die ihm freilich sein ganzes Vermögen kostete. Wir wissen, worum es dem Staate ging, aber worum ging es Hamsun? Darum, daß er diese ungeheure Demütigung aus Lust am Untergang über sich ergehen ließ. Im Altersheim aber, in dem er während dieser Zeit untergebracht war, hat er sein letztes Buch geschrieben, noch einmal einen echten Hamsun, mit dem Titel: „Auf überwachsenen Pfaden“, ein Beweis dafür, daß er zwar starrer als je zuvor geworden war, aber nicht geschwächt in seinen psychischen Funktionen.

In diesem Buch ließ er auch die Verteidigungsrede, wie sie der Gerichtsstenograph festgehalten hatte, einfließen, die er bei seinem Prozeß in Grimstad, einem kleinen Provinzstädtchen in Norwegen, hielt. Ich möchte ihnen zuerst die Situation vor dieser Rede beschreiben, wie sie Thoykild Hansen in seinem Buch, „Der Hamsunprozeß“, dargestellt hat:

Es war so still in dem überfüllten Saal, daß Richter Eide nicht die Stimme zu heben brauchte, als er jetzt aufstand und die vier Wörter sprach, auf die so viele Menschen in Norwegen und in aller Welt gewartet hatten: „Knut Hamsun hat das Wort.“ Hamsun als einziger hörte nicht, was der Richter sagte, er hat in Gedanken versunken dagesessen. Es war wie in seiner Jugend, als er im Lande umherreiste und gegen Henrik Ibsen sprach; damals war er der Jüngere, der über den Älteren richtete, jetzt war seine Rolle vertauscht. Sollte er sein langes Leben mit einer Rede beginnen und abschließen? War es ein Gesetz des Lebens, daß wir zuerst richten und später gerichtet werden? Sigrid Stray, seine Anwältin, legte den Finger auf seinen Arm, er begriff, was der Richter gesagt hatte, stand von seinem Stuhl auf, immer noch in dem schwarzen Überzieher, und verließ seinen Platz. Im Saal hörte man verwundertes Murmeln; noch ehe er ein Wort gesprochen hatte, war sein Publikum erregt, weil er nicht wie die anderen Vortragenden von seinem Platz aus sprach. Da die Tische leicht auseinandergerückt worden waren, konnte man zwischen ihnen hindurchgehen, und Hamsun hatte bemerkt, daß unmittelbar vor dem Richter und den Schöffen ein kleiner freier Platz entstanden war, der einzige in dem überfüllten Raum, geradezu eine kleine Bühne, wie er sie brauchte. Mit drei Schritten war er da und richtete sich hoch auf. Er hatte alles sorgsam bedacht. Hier konnte er auf die drei sitzenden Richter hinabblicken, ganz im Gegensatz zu der üblichen Anordnung, wo der Angeklagte unten steht und zu seinen hohen Richtern aufblickt. Er sagte immer noch nichts. Arild wechselte einen besorgten Blick mit Frau Stray: Würde Vaters Gedächtnis versagen? War er doch nicht im Stande, das durchzuführen, was er so souverän begonnen hatte? Später wurde es Arild klar, daß Hamsun bewußt schwieg. Er wollte zunächst Spannung und Unsicherheit aufsteigen lassen – der alte Trick der Erzähler. Er hatte begonnen, seine Zuhörer aufmerksam zu machen, und nun sollten sie die kitzelnde Unruhe fühlen, die angenehme Folter der Erwartung.

Die Rede Hamsuns ist zu lang, um sie hier wiederzugeben. Einige Punkte möchte ich dennoch herausheben. Erstens, es handelt sich ohne Zweifel, wie immer man dazu stehen mag, um eine raffinierte, rhetorische Meisterleistung. Zweitens, Hamsun bestreitet mit beklemmender Verdrängung jede persönliche Schuld, zeigt keine Spur von Reue. Hamsun sagt unter anderem in dieser Rede:

... ich weiß nicht, was der Geist des Nationalsozialismus ist. Aber es mag sein, daß aus den Zeitungen, die ich las, etwas davon in mich eingesickert ist. Jedenfalls stehen ja meine Artikel vor aller Augen. Ich versuche nicht, sie abzuschwächen, sie geringfügiger zu machen, als sie sind – es mag schon schlimm genug damit stehen. Im Gegenteil, ich stehe nach wie vor für sie ein, wie ich es immer getan habe.

Ich bitte, unterstreichen zu dürfen, daß ich in einem besetzten Lande geschrieben habe, in einem eroberten Lande, und ich möchte in dieser Verbindung ein paar kurze Aufschlüsse über mich selber geben.

Es war vorgespiegelt worden, daß Norwegen einen hohen, einen hervorragenden Platz in der großgermanischen Weltgemeinschaft erhalten sollte, die jetzt in Vorbereitung war und an die wir alle glaubten, mehr oder minder; aber alle glaubten daran. Ich glaubte daran, und deshalb schrieb ich so, wie ich es tat. Ich schrieb über Norwegen, das nun einen so hohen Platz unter den germanischen Ländern Europas erhalten sollte. Daß ich auch in ungefähr entsprechendem Grad über die Besatzungsmacht schreiben mußte, das sollte doch mit ehrlich gutem Willen zu verstehen sein ... Und es war auch nicht verkehrt, was ich schrieb. Es war nicht verkehrt, als ich es schrieb. Es war richtig. Was ich schrieb, war richtig.

Ich will das erklären. Was schrieb ich denn? Ich schrieb, um zu verhindern, daß norwegische Jugend und norwegische Männer töricht und herausfordernd gegen die Besatzungsmacht auftraten, ohne den geringsten Nutzen, nur zu Tod und Untergang für sie selber. Das schrieb ich und wandelte es auf verschiedene Art ab.

Die heute über mich triumphieren, weil sie äußerlich gesiegt haben, an der Oberfläche gesiegt haben, sie haben nicht wie ich Besuch von Familien gehabt, von kleinen Leuten aufwärts, die kamen und um ihre Väter, Söhne und Brüder weinten, weil sie in irgendeinem Lager hinter Stacheldraht saßen und zum Tode verurteilt waren. Ja, zum Tode verurteilt. Nun, ich hatte keine Macht; aber sie kamen zu mir. Ich besaß keinerlei Macht, aber ich telegrafierte. Ich wandte mich an Hitler und Terboven.

Hamsun stilisiert sich empor zum Märtyrer, der bereit ist, für sein Vaterland Norwegen, das er – seiner Meinung nach – nie verriet, alles zu erleiden, was das Gericht über ihn verhängt. Manchmal erweckt er dabei den Eindruck: Je mehr er zu tragen bekommt, desto besser.

Ich konnte mich selbst darauf hinweisen, daß jeder große und stolze Name in unserer norwegischen Kultur erst durch das germanische Deutschland hindurchging, ehe er groß in der Welt werden konnte. Ich hatte nicht unrecht, so zu denken. Aber es wurde mir zum Vorwurf gemacht. Auch dies wurde mir zum Vorwurf gemacht, obwohl es die sonnenklarste Wahrheit in unserer Geschichte ist.

So kam ich also nicht zum Ziel. Es kam im Gegenteil dazu, daß ich in den Augen und Herzen aller das Norwegen im Stich ließ, das ich erhöhen wollte. Daß ich es im Stich ließ! Aber lassen wir das. Lassen wir dies, womit diese Herzen mich jetzt belasten wollen. Es ist *mein* Verlust, den ich jetzt zu tragen habe. . . Ich bin ein Landesverräter, heißt es. Lassen wir das. Aber ich fühle es nicht so, ich erkannte es nicht so und ich erkenne es auch heute nicht so. Ich habe Frieden mit mir selber, ich habe das allerbeste Gewissen.

Wenn man die vielen Ironismen in dieser Rede bedenkt, ferner die Tatsache berücksichtigt, daß Hamsun entscheidende Punkte, die für ihn hätten sprechen können (Unterredung mit Hitler), mit keinem Wort erwähnt, könnte man auf den Gedanken kommen, daß auch sein „reines Gewissen" in selbstschädigender Absicht gesprochen worden ist, um den Eindruck zu erwecken: „So ein uneinsichtiger Mensch ist er gewesen . . . "

Wie dem auch sei, er fährt wieder ironisch in seiner Rede fort: „Wir werden alle vergessen sein in hundert Jahren.", aber er meint: „Ihr werdet vergessen sein, ich aber nicht." Nun, bis heute ist Hamsun nicht vergessen. Er selbst erlebte noch seine „Rehabilitierung" als Dichter, bevor er am 19. Februar 1952 die Augen für immer schloß. Während 1946 ein Verbot für alle Hamsunschen Bücher erlassen worden war, wurden bereits 1949 zu seinem 90. Geburtstag allein in Norwegen über zwei millionen verkauft. Aber ebensowenig wie seine Dichtung ist seine Rolle als politischer Mensch vergessen. Freilich starb Hamsun in der Gewißheit, daß das letzte Wort über all dies noch nicht gesprochen ist, die er in folgendem Gedicht festgehalten hat:

> War auch für mich heute der letzte Tag
> mit Menschen, Erde und Abendrot
> und tickt nun mein Herz den letzten Schlag
> zum Abschied von allem, sei's, wie es mag,
> nichts endet je mit dem Tod.

Ich resümiere meinen Vortrag und muß mich natürlich als der Antifaschist, der ich seit meinen Jugendtagen bin, zuerst fragen, ob Hamsun in meinen Ausführungen vielleicht zu gut abgeschnitten hat. Mag es auch auf den ersten Blick einigen so scheinen, so glaube ich es doch nicht. Ich habe ihn unmißverständlich der „emotionalen Dummheit" geziehen und das ist ein schwerer und schwerwiegender Vorwurf. Gewiß, ich habe die Quellen verständlich gemacht, welche wahrscheinlich zusammen diese „Dummheit“ erzeugten, aber wie die Sentenz richtig sagt: „Alles verstehen, heißt nicht, alles verzeihen.“ Vielleicht konnte sich Hamsun in seinen letzten Lebensjahren nicht mehr aus seiner emotionalen Gefangenschaft befreien. Aber früher wäre das absolut möglich gewesen. Er hatte doch von den Ermordungen um Röhm 1934 hören müssen, die Nürnberger Rassengesetze 1935 konnten ihm nicht verborgen geblieben sein, und schon aus diesen zwei Ereignissen (viele andere ließen sich noch aufzählen) hätte er den Schluß ziehen müssen, daß es sich bei den Nazis um eine abgefeimte Verbrecherbande handelte. Und wenn man sagt: „Aber er selbst hat doch niemandem etwas Böses getan.“, so stimmt auch das nur begrenzt, denn er hat mit seinem hervorragenden Namen für viele Menschen sicherlich ein sehr schlechtes Beispiel gegeben. Und die Frage von Minni Svendrud Lunden: „Wieviele junge Menschen mag Hamsun wohl verführt haben?“, hat daher ihre volle Berechtigung, die Verantwortung dafür kann Hamsun niemand abnehmen.

Dieser Vortrag ist meine persönliche Stellungnahme zu Hamsun. Und in diesem Zusammenhang möchte ich zuerst den unvergeßlichen Friedrich Heer zitieren:

„Wir brauchen die Wahrnehmung, das heißt die Hereinnahme der Gegner in die eigene Existenz, so daß die Konflikte der Gegner in uns selbst arbeiten. In mir selbst müssen die großen Konflikte, die Schwierigkeiten, die Animositäten, ja auch die Haßausbrüche der anderen, der politischen Gegner arbeiten können, so daß sie zu gären vermögen . . . Erziehung bedeutet, von Jahr zu Jahr um die Erweiterung des eigenen Innenraumes zu kämpfen, so daß die eigenen Konflikte darin Platz haben, nicht ständig verdrängt werden, und daß die vielen äußeren Konflikte wirklich wahrgenommen werden."

Ich muß nun bekennen: Ich bin bis zum heutigen Tage nicht im Stande, einen Nationalsozialisten, der auch heute noch an seiner Auffassung festhält, in mein Inneres hineinzunehmen (manche werfen mir das vor). Erich Fried konnte es, obwohl ihm Schlimmeres in der Hitlerzeit widerfuhr als mir, und ich bewundere ihn dafür sehr. Nun wagte ich es mit Knut Hamsun zum ersten Male und konnte es tun, weil er mir von Jugend auf unbeschreiblich nahe war. Mag sein, daß deswegen einiges zu milde klingt. Ich aber fühle nicht, damit meinen weltanschaulichen Standpunkt auch nur im geringsten verlassen, geschweige denn, verraten zu haben. Und vielleicht wird sich meine Hamsunsche Analyse als ein Schritt erweisen, dem weitere Bemühungen, den Widersacher in mein Inneres aufzunehmen, folgen werden.

Wie dem auch sei, eines sollten wir von Hamsun lernen, wie leicht und scheinbar unmerklich man in die „emotionale Dummheit" hineingeraten kann, wie sich eins zum anderen fügt und wie schwer man dann herausfindet. Wer kann von sich behaupten, daß er hundertprozentig vor so einer Entwicklung gefeit ist? Heute, nach fünfundfünfzigjähriger antifaschistischer Tradition, will es mir scheinen, als hätte ich nie Faschist werden können. Aber weiß ich denn sicher, ob nicht alles anders gekommen wäre, hätten mich nicht glückhafte Umstände (Elternhaus, Verwandte, Mittelschullehrer, Freunde, Religion) gegen diese Pest immun gemacht?

Wie immer wir über die „emotionale Dummheit" Hamsuns auch denken, verwechseln wir nicht die politische Idee Hamsuns mit seinem großen literarischen Werk. Diese Trennung fällt umso leichter, als die Hamsunschen Romane sicher nicht das geringste mit seiner „Dummheit" zu tun haben. Daß die Engländer da nicht besonders gut wegkommen, hat nichts mit Politik, sondern mit der leidenschaftlichen Ablehnung von Industrie und Fremdenverkehr durch Hamsun zu tun. Und daher darf ich differenzieren: Hamsun war ein Anhänger Hitlers, aber er war kein nationalsozialistischer Dichter.

Ich habe schon Friedell zitiert, der ihn mit Homer verglich. Friedell, Jude, Opfer Hitlers, hat an Hamsun in eines seiner Bücher eine Widmung geschrieben: „An Knut Hamsun, den letzten Dichter.“, und dann hat er die letzten drei Wörter durchgestrichen. Und so bleib: „An Knut Hamsun“. Ein gescheiter Mensch hat einmal gesagt: „Je weniger Titel einer führt, je mehr sein bloßer Name wirkt, desto größer ist er.“ Hier könnte man einwenden: Wer weiß, ob Friedell nicht seine Ansicht über Hamsun geändert hätte, wenn er sein politisches Verhalten während der Nazizeit noch hätte erleben können. Eine berechtigte Frage. Ich persönlich bin überzeugt, daß Friedell bei seiner Wertschätzung des *Dichters* geblieben wäre.

Freud und Adler – ein unüberbrückbarer Gegensatz?

Meine Damen und Herren, ich muß gleich einleitend eine Erfahrung mitteilen. Wenn ich sage: „Ich bin ein Adlerianer, ein Adlerschüler.“, höre ich oft als Reaktion: „Aha, Viktor Adler.“ Auf meine Korrektur, „Nein, nicht von Viktor Adler, dem großen Führer der Sozialdemokratischen Partei.“, folgt eventuell: „Ah, also Friedrich Adler.“, womit wir bei seinem Sohn, dem Mann, der den Ministerpräsidenten Stürgh erschossen hat, angelangt sind. Auch das muß ich natürlich verneinen. Dann meint man: „Vielleicht Max Adler?“ Dieser, der große Entdecker des „Sozialapriori“, hat schon eine gewisse Nähe zu meinem Adler. Erst an allerallerletzter Stelle fällt dann der Name Alfred Adlers. Daraus ergibt sich: Wenn man Alfred Adler mit Sigmund Freud in bezug auf ihren Bekanntheitsgrad vergleicht, merkt man, daß zwischen beiden Welten liegen. Und damit bin ich schon bei dem entscheidenden Problem Alfred Adlers, denn Freud wurde sein Schicksal und ist es in gewissem Sinne bis zum heutigen Tage geblieben. Selbstverständlich war dabei von Anfang an Freud in der besseren Position. Er wurde 1856 in Freiberg in Mähren geboren, Adler erblickte 1870 in Wien das Licht der Welt, war also um 14 Jahre jünger. Freud hatte diesen zeitlichen Vorsprung intensiv genützt. Ihm kam dementsprechend außer Zweifel die Rolle des Pionieres zu.

Ich möchte im vorhinein klarstellen: In meinen Augen ist Freud eine singuläre Erscheinung, ein Titan, sowohl als Denker als auch im Entdecken des Unbewußten und im Entwickeln einer Therapie der Neurose. Mit ihm, kann sich meiner Überzeugung nach – und ich sage das nach dreißigjähriger Präsidentschaft der Österreichischen Adler-Vereinigung –, niemand messen, auch Adler nicht. Dennoch aber wurde die Begegnung zwischen Adler und Freud in gewissem Sinn für beide schicksalhaft. Wir wissen bis heute nicht, wie sie sich wirklich kennenlernten. Es kursieren darüber viele Geschichten, daß es sich dabei um Legenden handelt, wissen wir, wie Handlbauer in einem jüngst publizierten Buch („Die Adler-Freud-Kontroverse“) gezeigt hat.

Es wird behauptet, Adler habe in der Gesellschaft der Ärzte, wo Freud nach einem Referat verspottet wurde, als einziger eine leidenschaftliche Rede für Freud gehalten. Dies kann nicht verifiziert werden! Eine andere Anekdote: Adler habe in einer Zeitung eine positive Kritik über die Freudsche „Traumdeutung“ geschrieben, auch wieder als einziger, denn alle anderen Kritiken waren negativ gewesen. Stimmt auch nicht, eine solche Kritik ist nicht auffindbar! Man darf vermuten, daß die Anekdoten erfunden worden sind, um Adler von allem Anfang gegenüber Freud aufzuwerten. Mit einiger Wahrscheinlichkeit aber kann man annehmen, daß Adler einige Vorlesungen Freuds hörte.

Sicher hingegen ist das eine, daß Freud, als er im Jahre 1901 daranging, seine berühmten Mittwochabendsitzungen zu veranstalten, die nicht aus der Entdeckungsgeschichte der Psychoanalyse wegzudenken sind, Adler dazu eingeladen hat. Und ebenso klar ist, daß Adler sehr rasch von allen, die sich hier um Freud versammelt hatten – und dieser Kreis war sehr klein, es waren ursprünglich acht bis zehn Persönlichkeiten –, auf Freud den stärksten Eindruck machte, einen solchen Eindruck, daß er ihn von allem Anfang an als seinen Vertreter ansah, als seinen Vizepräsidenten, wenn Sie so wollen. Da er selbst aber nicht bereit war, die Präsidentschaft zu übernehmen, trug er diese Position Adler an. Es gibt viele Äußerungen von

Freud über Adler noch aus der Zeit, als sie gut miteinander waren, wo er Adler in jeder Beziehung, als Forscher, als Denker, als Kombinierer, seine Hochachtung ausspricht.

Nun muß man sagen, daß Adler im Verlaufe der Jahre 1902 bis zum Höhepunkt der Krise 1911 in zunehmendem Maße innerhalb dieser Gesellschaft am Mittwoch eigene Gedanken entwickelte, während die anderen mehr oder minder doch immer nur Referate hielten, bei denen sie ängstlich auf das Gesicht Freuds schauten, ob er einverstanden sei oder nicht. „Im Schatten von Eichen gedeihen nur Schwammerln", sagt man, und ein solches „Schwammerl" war auf jeden Fall Alfred Adler nicht. Freilich muß zugegeben werden, daß sich im Verlauf der Zeit auch andere Schüler um Freud scharten, die durchaus für sich Eigenständigkeit beanspruchen können.

Alfred Adler hatte keine leichte Kindheit. Ich selbst war es, der die Gedenktafel an seinem Geburtshaus enthüllte, wo die Mariahilfer Straße sozusagen schon verkommt, wo sie keineswegs mehr die berühmte Einkaufsstraße des Glanzes und der Lichter ist, sondern wo sie übergeht in noch heute zu erahnendes, proletarisches Elend. Adler hatte einen Vater, der ihm einen Spruch fürs Leben mitgab, und dieser Spruch hieß: „Alfred, glaub gar nichts." Das bedeutet: Er wurde zu einem kritischen und skeptischen Menschen erzogen. Dies zeigte sich einerseits in seiner kritischen Distanz zu Freud und andererseits in seinem Mut, eigene Thesen und Gedanken vorzutragen. Alle seine diesbezüglichen Referate sind in den Protokollen, die Federn später herausgegeben hat, festgehalten. Es ist faszinierend, diese Entwicklung in den Protokollen nachzufühlen und zu verfolgen, wie Freud in zunehmendem Maße beunruhigt erscheint.

Es ging Freud dabei vor allem um zwei Punkte, die

für ihn absolut heilig waren: erstens um die zentrale Rolle des Unbewußten. Freud hatte Adler frühzeitig in Verdacht, daß er aus einer Psychologie des Unbewußten eine Bewußtseinspsychologie machen wolle. Und, zweitens, um seine Kardinallehre, mit der für ihn alles stand oder fiel, nämlich, daß für die Neurotisierung des Kindes einzig und allein die sexuelle Traumatisierung und die daraus resultierende Verdrängung des Sexuellen in den ersten Lebensjahren entscheidend sei. Auch diese Grundthese begann Adler mehr und mehr anzuzweifeln.

Ich versuche, gerecht zu sein und zu glauben, daß Freud getrachtet hat, Adler so lange als möglich in seinem Kreise zu halten. Nicht nur aus altruistischen Gründen, sondern sicher auch aus persönlichen Motiven. Er ahnte schon, daß der Verlust Adlers ein großer sein werde, wenn er auch später, als er eingetreten war, das Gegenteil behauptete und versuchte, Adler herabzusetzen. Nun, meine Damen und Herrn, trotz all dieser Bemühungen Freuds war Adler nicht bereit, die eingeschlagene Linie zu verändern, die sich mit ungeheurer Präzision einer Schicksalstragödie näherte.

Es gibt einen Brief Freuds an Jung, in dem er schreiben will: „Ich weiß nicht, wann ich meine Schüler tyrannisiert habe." und sich verschreibt, also eine typische Freudsche Fehlleistung vollbringt, und statt „wann", wie er schreiben wollte, „warum" schreibt. Es lautet also jetzt dieser Satz: „Ich weiß nicht, warum ich meine Schüler tyrannisiert habe." Das zeigt schon, daß er eben in bestimmten Fragen Widerspruch nicht duldete. An diesem Punkte möchte ich mir erlauben, aus dem heutigen Wissensstand zu sagen: Ein Adler war für die Psychoanalyse eine unumgängliche Notwendigkeit. Wenn es Adler nicht gewesen wäre, so hätte ein anderer kommen müssen. Denn es gab ja später eine ganze Reihe Leute, wie zum Beispiel

Ferenzcy, Hartmann, Horney, Erikson, Fromm, welche die Einseitigkeiten Freuds teilweise korrigierten. Adler fiel die entscheidende Aufgabe zu, der erste zu sein, und diese Korrektur gegen einen ungeheuren Widerstand vorzunehmen. Er mußte gegen einen gewaltigen Strom schwimmen und wurde damit für Freud eine Art Verräter und Aussätziger. Es gibt in späterer Zeit Ausdrücke Freuds über Adler, die sehr herabsetzend sind, wie zum Beispiel „Adlerbande" und „Adlerei".

Nun, meine Damen und Herren, warum war dieser Adler eine Lebensnotwendigkeit? Sehen Sie, heute gibt es sehr viele Leute, die eigene psychotherapeutische Schulen gründen. Es gibt jetzt schon mehr als 120 psychotherapeutische „Schulen", darunter sind viele, die auf Freud aufbauen, ein paar Kleckse dazumachen und sich einbilden, damit eine neue Psychotherapie geschaffen zu haben. Ich meine, da handelt es sich meistens um ein „Baptistensyndrom", das heißt, um Leute, die wollen, daß ihr Name in die Geschichte eingeht, und so proklamieren sie eine angebliche, große, neue Entdeckung, die aber – wenn man sie genauer prüft – gar keine ist. Nicht so bei Alfred Adler!

Adler hat nicht ein paar Kleckse hinzugefügt, sondern er brachte eine Ergänzung des Freudschen Denkens, ja mehr noch, eine in gewissem Sinne richtungsmäßig neue Orientierung. Diese neue Orientierung möchte ich Ihnen nahelegen. Heute kann man es sine ira et studio tun.

Erstens, hat Adler das Freudsche Persönlichkeitsbild korrigiert. Die Freudsche Persönlichkeitsstruktur läßt die Person in drei Teile zerfallen. Der erste Teil ist das Es, das ist der drängende Triebbereich, mehr unbewußt als bewußt; der zweite Teil ist das Überich, die erste anerzogene Gewissensstruktur des Menschen. Der dritte Teil ist das Ich. Über dieses Ich hat Freud in seinem Persönlichkeitsmodell eine sehr interessante Bemerkung gemacht. Er sagt sinngemäß: „Das Ich ist eigentlich der dumme August, der ja auch im Zirkus zu allem eine Bemerkung macht, und glaubt, mit diesen Bemerkungen zu beweisen, daß das Programm genau so abläuft, wie er es will, das heißt, daß er der Herr in der Manege ist, ohne es zu sein." In der Freudschen Vorstellungswelt war das Es das Entscheidende und das Ich – wie es Freud selber in einem Brief an C. G. Jung ausgedrückt hat – der dumme August.

Diese Auffassung teilte Adler nicht. Er führte eine Verlagerung in die Mitte des Bildes durch, nämlich in Richtung des Ich. Er gab wohl zu, daß das Ich gegenüber unbewußten Tendenzen in seiner Freiheit beschränkt ist, weil man ja nur mit Dingen kämpfen kann, die man kennt und von denen man weiß. Da das Unbewußte ungewußt ist, kann man sich mit dem Unbewußten nicht auseinandersetzen. Dennoch aber sah Adler einen größeren Freiheitsgrad der einzelnen Persönlichkeit, zum Beispiel eine größere Freiheit, die es erleichtert, zu der Erkenntnis zu kommen: „Ich bin von irgendeiner Kraft beherrscht, die ich entdekken muß, damit ich gesund werde. Ich muß mich bereit erklären, mich mit dieser Problematik in der Therapie auseinanderzusetzen." So eine Einstellung läßt Adler in vielem deutlich hervortreten. In gewissem Sinne kann man sagen, daß damit aus einer Es-Psychologie eine Ich-Psychologie wird, aber nicht eine Ich-Psychologie, die das Es nun übersieht, sondern nur dem Es eine geringere Macht zugesteht, nämlich eine, der man nicht hoffnungslos ausgeliefert ist, wie Freud angenommen hatte.

Zweitens: Im Zusammenhang mit dieser Befreiung des Ich sieht Adler den Menschen nicht nur kausal, sondern auch final orientiert, das heißt, er hat nicht nur Kräfte in sich, die ihn von rückwärts in eine bestimmte Richtung drängen, sondern er hat auch Kräfte in sich, die ihm ermöglichen zu prüfen: „In den Dienst welches Zieles will ich meine ganze Person stellen?“ Adler ergänzt also die Kausalität durch die Finalität. Sicher ist es nun so, daß es keine Kausalität ohne Finalität gibt und keine Finalität ohne Kausalität. Die beiden berühren einander. Dennoch ist der Sprung von der Kausalität zur Finalität eine Wendung von der positivistischen Auffassung des Reagierenmüssens zu einem neuen Menschenbild, welches der Person eine gewisse Zielwahl offen läßt – wobei aber diese Wahl bewußt wie unbewußt erfolgt, womit die Notwendigkeit der Entdeckung des Unbewußten aufrecht bleibt.

Der dritte Punkt: Freud hat sich eigentlich nur mit der sexuellen Neurotisierung beschäftigt. Es ist lächerlich, dies Freud heute zum Vorwurf zu machen, denn in seiner Zeit war die sexuelle Verdrängung die intensivste und verhängnisvollste, und sie war wahrscheinlich nirgends größer als gerade in Wien. Ich habe mir deswegen erlaubt zu sagen, daß es doch letztlich kein Zufall gewesen ist, daß das Geheimnis der Neurose gerade in Wien entdeckt worden ist. Aber die sexuelle Verdrängung und die sexuelle Traumatisierung ist nicht die einzige Möglichkeit, das Kind zu neurotisieren. Man kann ganz abseits von jeder sexuellen Problematik – schon im Mutterleib und auch später – das Kind neurotisieren, zum Beispiel, indem man es nicht als gleichberechtigten Partner wertet, es eigentlich zu einem Teil der eigenen Person macht, zu einem Besitz, über den man verfügen kann, den man benützt, so wie Franz Kafka gesagt hat: „Das tiefste Geheimnis der Elternliebe ist der Eigennutz.“ Überall dort, wo eine eigennützige Elternliebe da ist, muß mit hoher Wahrscheinlichkeit mit einer Neurotisierung des Kindes gerechnet werden.

Meine Damen und Herren, nun kommt ein wichtiger Punkt, nämlich, daß Adler begonnen hat, den Menschen als Ganzes zu sehen, weswegen er es zum Beispiel ablehnte, *nur* den sexuellen Bereich zu untersuchen. Er war der Meinung, so wie der Mensch im Bewußten ist, so ist er auch im Unbewußten. Das heißt, auch im Unbewußten sind alle möglichen Triebkräfte des Menschen vorhanden, von den primitivsten bis zu den höchsten, worunter er besonders auch den metaphysischen Bereich verstand. Er entwickelte also eine neue Betrachtung der menschlichen Persönlichkeit im Bewußten und Unbewußten und mußte folgerichtig erkennen, daß es eine Möglichkeit der kindlichen Neurotisierung gibt, die mit der sexuellen Problematik nichts zu tun hat.

Nun kommt etwas Typisches: Freud, der auf die sexuelle Linie so eingeschworen war, daß er sagte: „Wer das in Zweifel stellt, der stellt die Psychoanalyse in Frage.“, Freud beschrieb als Kristallisationspunkt der sexuellen Neurotisierung des Kindes den Ödipuskomplex. Adler aber entdeckte einen anderen Komplex, einen, der sich nicht nur auf die ödipale Zeit bezieht, sondern der zu zeigen versucht, daß das Kind in einem großen Spannungsfeld während der gesamten ersten sechs Lebensjahre steht. Er geht davon aus, daß das Kind klein, daß es schwach, daß es ausgeliefert ist und daß die Eltern die Starken, die Mächtigen sind, die sich alles leisten können (Situation der kindlichen Minderwertigkeitsempfindung). Das erzeugt im Kind eine Unsicherheit, die überwunden werden kann, wenn die Eltern das Kind ermutigen und aus dieser seiner Minderwertigkeitssituation, wenn ich das so sagen darf, befreien. Wenn hingegen die Eltern bemüht sind, diese Schwäche des Kindes noch auszunützen und zu verstärken, indem das Kind herabgesetzt, für dumm erklärt, entmutigt wird, in der Selbständigkeit behindert, in seinem seelischen Wachstum eingeschränkt wird, dann entsteht aus der Minderwertigkeitssituation, die normal und zu überwinden ist, ein krankhaftes Geschehen, und dieses bezeichnete Adler als Minderwertigkeitskomplex.

Jetzt muß ich leider wahrheitsgetreu zugeben, Sie werden sehen, daß ich auch Adler gegenüber sehr kritisch bin: So wie Freud sagte: „Neurotisierung *nur* durch Ödipuskomplex.“, so begann Adler dann sehr bald zu sagen: „Neurotisierung *nur* durch Minderwertigkeitskomplex.“ Er erklärte schließlich auch den Ödipuskomplex rein machtmäßig. Er behauptete, daß hier ein Kampf zwischen dem Buben und dem Vater um die Mutter und um die Macht über die Mutter stattfinde. Somit begann er auch hier, eigentlich zu entsexualisieren (entgegen seinen früheren Versicherungen) und machte damit die Befürchtung Freuds wahr, der gesagt hatte: „Zuerst wird die Sexualität in der Neurosengenese eingeschränkt und plötzlich verschwindet sie ganz.“ Es ist sehr interessant, die Werke Adlers unter diesem Aspekt zu lesen. Mit jedem Jahr, das er sich von Freud entfernt hat, verschwindet die sexuelle Problematik mehr und mehr und wird der Minderwertigkeitskomplex zum Allbeherrscher der Neurotisierung. Gerade als begeisterter Adlerianer muß man über den „Einheitseintopf“, der hier geliefert wird, entsetzt sein. Welches Problem auch immer angeschnitten wird, immer scheint die Ursache klar: der Minderwertigkeitskomplex. Aus einem Extrem, der Verabsolutierung der sexuellen Problematik in der Neurose bei Freud, ist jetzt eine „chemische Reinigung“ von sexuellen Konflikten bei Adler geworden. Dies ist verhängnisvoll! Denn der Sexualtrieb ist nicht nur einer der mächtigsten Triebe des Menschen, sondern er ist auch nach wie vor eine der „best“verdrängten und damit eine der gefährlichsten krankheitserregenden Kräfte. Auch darf nicht vergessen werden, daß Freud in grandioser Weise die Charakteristika der kindlichen Sexualität entdeckt hat. Eine Verdrängung derselben würde einen katastrophalen Rückschritt für die gesamte Menschheit bedeuten.

Nach dieser Zwischenbemerkung möchte ich zum Minderwertigkeitskomplex zurückkommen, der für uns alle – vorausgesetzt, daß er nicht verabsolutiert wird – von großer Bedeutung bleibt. Dieser Minderwertigkeitskomplex hat nämlich zwei ganz verhängnisvolle Folgen, die ich hier unbedingt erwähnen möchte.

Erstens, das Kind zieht sich zurück, ist entmutigt, gerät ins „Eck", wird Außenseiter, empfindet sich als Verstoßener, traut sich an nichts mehr heran und damit wird der Entwicklungsradius immer kleiner, der Lebensbereich immer enger. Wo Wachstum sein sollte, herrscht Einengung. Beim Erwachsenen kann man dann Lebenswege feststellen, die Adler so charakterisierte: „Der Neurotiker läuft unbewußt seinen eigenen Ohrfeigen nach, und er gibt nicht Ruhe, bevor er diese Ohrfeigen nicht der Reihe nach kassiert hat." Wir stellen beim Erwachsenen dann die Dominanz der Verzweiflung, des Gefühls der Ausweglosigkeit, der Hoffnungslosigkeit fest. Es kommt zur „Karriere des Mißerfolges", und ungezählte Menschen gehen an dieser vor unseren Augen zu Grunde. Und wir leben in einer Gesellschaft, die das nicht nur gleichgültig zur Kenntnis nimmt, sondern vielmehr noch freudig, weil jeder Konkurrent, der ausscheidet, ein Gewinn für diejenigen ist, die überleben und die daher seinen Platz einnehmen können. Denn wir leben in einer Welt eines unbarmherzigen Kampfes, nicht in einer Welt der Leistung, sondern des Erfolges! Erfolg erzielt man immer über einen anderen oder über mehrere andere. Wenn der andere versagt, umso besser.

Meine Damen und Herren, eine andere Folge des Minderwertigkeitskomplexes kann ein verstärktes

Macht- beziehungsweise Geltungsstreben sein. Dafür hat Adler den Begriff der Überkompensation geprägt. Die, die überkompensieren, sehen den anderen nicht mehr als Subjekt, sondern als Objekt. Sie versuchen, auf Kosten dieses „Objektes" ihr eigenes angeschlagenes Selbstwertgefühl auszugleichen und in eine Grandiosität zu verwandeln. Unser Jahrhundert ist, politisch gesehen, voll von solchen Menschen, die ihr Minderwertigkeitsgefühl in ein Macht- und Geltungsstreben verwandelt haben und dadurch für sich und für ungezählte Menschen, die ihnen blind gefolgt sind, weil sie das Spiel nicht durchschaut haben, weil sie glaubten, durch Identifizierung mit den „Führern" ihr eigenes Minderwertigkeitsgefühl überwinden zu können, grenzenloses Unglück heraufbeschworen haben.

Ich möchte Ihnen in diesem Zusammenhang sagen, wie skeptisch Alfred Adler gegenüber dem Machtbegriff war. Adler, der im Ersten Weltkrieg in einem Lazarett für kriegsgefangene Russen arbeitete, Adler, der eine Russin geheiratete hatte, die eine enge Bekannte Trotzkis war, sagte im Jahre 1918 – bitte, bedenken Sie das Datum – über die Bolschewiken: „Sie haben sich der Macht verschrieben und damit ist ihr Schicksal besiegelt. Die Diktatur des Proletariats kann nur immer noch Steigerungen erfahren bis zur völligen Knechtschaft des Menschen, und eines Tages wird dieses Gebäude an diesem Machtwahn zugrunde gehen, wie jeder zugrunde geht, der sein Heil in der Macht sucht." Ich möchte bei dieser Gelegenheit anmerken, daß ich persönlich mit Hans Strotzka und anderen glaube, daß man nicht Macht mit Machtmißbrauch gleichsetzen sollte. Ich glaube, es gibt Macht, die nicht einem Macht- und Geltungsstreben entspricht, sondern die sich vielmehr bemüht, im Gespräch, in der Diskussion, in der Auseinandersetzung zu einer Übereinstimmung von verschiedenen Auffassungen zu gelangen. Aber Macht- und Geltungsstreben ist neurotisch und gefährlich zugleich.

Noch etwas anderes ist für Adler entscheidend. Für Freud hat nur der einzelne Mensch existiert. Der war sein Patient, und um den hat er sich gekümmert. Adler hat immer gesehen, daß der Mensch eben nicht alleine lebt, sondern daß er ein soziales Lebewesen ist und daß er daher in der Sozietät gesehen werden muß. Vielleicht wurde ihm dieser Blickwinkel schon durch die Armut, in der er aufwuchs, nahegelegt. Er hatte immer schon eine große Liebe für die Schwachen und Gedemütigten, sein erstes Buch hat er über das Schneidergewerbe geschrieben.

Adler unterschied zwischen einem ichhaften Verhalten und einem wirhaften Verhalten. Das ichhafte ist komplexbesetzt; das wirhafte Verhalten ist jenes, das ein gesundes Gemeinschaftsgefühl entwickelt, in dem Sinne, daß man für das eigene Handeln und Denken nicht nur sich selbst verantwortlich ist, sondern auch allen anderen. Das könnte man als einen erweiterten kategorischen Imperativ im Sinne Kants verstehen. Adler meinte auch, daß eine Gesellschaft verpflichtet ist, ein System zu entwickeln, in dem alle leben können, also, in dem auch die Schwachen eine Lebensberechtigung haben. Adler war überzeugter Sozialist und man kann nicht leugnen, daß dies seine Lehre sehr beeinflußt hat.

Er war allerdings nicht bereit, diese Lehre in den Dienst einer politischen Partei zu stellen, wie man am Beispiel eines seiner liebsten Schüler, Manès Sperber, gesehen hat. Sperber war plötzlich von der Idee überzeugt, man müsse die Adlersche Lehre als soziale „Heilsbotschaft“ durch eine politische Partei verwirklichen, die Macht dazu besitzt. Und Macht besaßen damals die Bolschewiki in Rußland. Und so wurde er glühender Kommunist und wollte sozusagen eine

Ehe zwischen Adler und Lenin herbeiführen. Adler sprach damals das berühmte Wort: „Meine Lehre ist mir zu kostbar für jede politische Partei und erst recht für die Kommunisten."

Diese Auseinandersetzung ging für Manès Sperber tragisch aus. Er wollte vom Kommunismus nicht lassen, und Adler verstieß ihn deshalb. Dennoch hielt ihm Manès bis in seine Todesstunde die Treue und bezeichnete ihn weiterhin als „das soziale Genie des Jahrhunderts". Noch schlimmer für Sperber verlief die Einsicht, der er sich 1938 nicht mehr entziehen konnte, nämlich, daß Stalin die kommunistische Idee verriet. Noch in den achziger Jahren hat mir Manès darüber mit einem Tränenausbruch, den ich in meinem Leben nicht vergessen werde, berichtet.

Was aber Adler betrifft, kann nicht übersehen werden, daß er vieles, was er in die Tiefenpsychologie einbrachte, seiner sozialen Gesinnung verdankte. So hat er zum Beispiel auch gesagt – ein Gedanke der Freud nie gekommen wäre: „Wir müssen unsere Gesellschaftsstruktur verbessern. Wir müssen eine Gemeinschaft schaffen ‚sub specie aeternitatis'." Er war kein Illusionist, er wußte, daß man sich diesem Ziel nur Schritt für Schritt nähern kann. Für Freud stand die bürgerliche Gesellschaftsstruktur, der er vollkommen verhaftet war, nie zur Diskussion, ja mehr noch, er definierte Glück als die Fähigkeit, mit den Forderungen dieser Gesellschaft in Einklang zu leben.

Adler entwickelte frühzeitig in einer der Mittwochabendsitzungen eine Psychologie des Marxismus, wobei er zu zeigen versuchte, daß die Befreiung des Proletariats nur dann gelingen könne, wenn aus dem Klassenunbewußtsein ein Klassen*bewußtsein* werde, eine Ansicht, die sich als richtig erwiesen hat. Es ist bezeichnend, daß nach diesem Vortrag Freud etwas äußerte, was man sonst in den Mittwochabendsitzungen von ihm niemals hörte: „Dazu kann ich nichts sagen, denn davon verstehe ich nichts." Diese Szene allein zeigt in geradezu paradigmatischer Weise die gegensätzlichen gedanklichen Richtungen zwischen Freud und Adler. Das bedeutet aber auch, daß die Individualpsychologie eine Methode ist, die nicht nur darauf aus ist, einen einzelnen Patienten zu behandeln, sondern sich berechtigt, ja verpflichtet fühlt, auch größere Gemeinschaften zu therapieren, womit etwa die Gruppentherapie geboren war. Hier finden Sie darüber hinaus die Aufforderung, an der Struktur der Gesellschaft so zu arbeiten, daß von dieser Gesellschaft möglichst wenige neurotisierende Faktoren ausgehen.

Aus diesen angeführten Erkenntnissen Adlers ist aber auch eine Verwandlung – Verwandlung ist vielleicht ein zu kühnes Wort –, sagen wir also besser, eine Modifizierung der angewandten Tiefenpsychologie, nämlich der Psychotherapie, hervorgegangen. Die unbestrittene Pionierleistung Freuds beruht auf drei Säulen:

Erstens: die Entdeckung des Unbewußten.

Zweitens: die Entdeckung der Neurose und der Entstehung dieser Erkrankung.

Drittens: die Entdeckung der Wege, die zur Bewußtmachung des Unbewußten führen, also des freien Einfalls, der freien Assoziation, der Traumdeutung, der Analyse der Übertragungssituation und der Fehlleistungen.

In der Technik der Analyse hat eigentlich niemand etwas entdeckt, das über Freud hinausgeht.

Seit Adler können wir aber zwei Phasen der analytischen Psychotherapie unterscheiden. Die erste Phase ist die analytische, wobei es darum geht, Unbewußtes bewußt zu machen. Für die zweite möchte ich einen Ausdruck verwenden, den Igor Caruso geprägt hat: synthetische Phase. In ihr muß der Mensch beginnen, das in der Analyse Erkannte mit dem Therapeuten in ein neues Lebensziel, in eine neue Leitlinie, in eine neue Lebensgestaltung einzubauen. Meiner Überzeugung nach ist eine Psychotherapie ohne eine solche Synthese nicht zu verantworten, denn man kann den Menschen mit den analytischen Erkenntnissen nicht alleine lassen. Freud fürchtete sehr, daß dabei der Therapeut Einfluß auf den Patienten nehmen würde, und das lehnte er entschieden ab. Wenn aber die Psychotherapie die Begegnung zweier Menschen ist, dann kann eine gegenseitige Beeinflussung nicht vermieden werden – nur ist es notwendig, sie durch Analysen in Grenzen zu halten, was besonders dem Therapeuten große Verpflichtungen auferlegt. Eines aber scheint mir klar zu sein: Man darf den Patienten in der Analyse nicht ertrinken lassen, die Analyse darf nicht zum Selbstzweck werden, sondern das therapeutische Ziel besteht genau darin, in die Synthese einzumünden.

Bei dieser Gelegenheit möchte ich mich mit einem sehr interessanten Wort einer Dame beschäftigen, die mir auch deswegen nahesteht, weil mein Freund, Giuseppe Sinopoli, über sie eine Oper geschrieben hat, sie heißt Lou Andreas-Salomé. Nachdem sich Freud und Adler getrennt hatten, herrschte zwischen ihnen eine solche Feindschaft, daß ein Freudanhänger, der bei einer Adlervorlesung gesehen wurde, sofort von den Freudianern ausgeschlossen wurde und umgekehrt selbstverständlich auch. (Sie sind also einander an Intoleranz nichts schuldig geblieben, ein besonders betrüblicher Tatbestand, wenn man bedenkt, daß doch die Tiefenpsychologie dazu da ist, Menschen besser zu verstehen: und gerade bei ihnen so viel Unverständnis!)

Aber, es gab eine Frau, die hatte sozusagen das verbriefte Recht, sowohl zu Sigmund Freud zu gehen als auch zu Alfred Adler. Und das war Lou Andreas-Salomé. Hören Sie, wie sie beide meisterhaft verglichen hat: „Freud ist das Messer, und Adler ist die Salbe." Das bedeutet also: Freud ist der schonungslose Aufdecker. – Je mehr es dem Patienten weh tut, desto besser, denn nur die volle, die schonungslose Wahrheit kann ihm helfen. Adler ist der Ermutigende, der Stärkende und in dieser Funktion geht man vielleicht den Schrecknissen des Unbewußten nicht voll auf den Grund, sondern hört ein wenig früher auf, um den Patienten nicht ganz zu „vernichten". Hier also das Messer, das Wunden setzt, dort die Salbe, die Wunden heilen läßt. Ich möchte bekennen: Schon in den sechziger Jahren habe ich begonnen, Alfred Adler und Sigmund Freud einander wieder zu nähern, und habe dies bis zum heutigen Tage ziemlich erfolgreich fortgesetzt. Seit ich aber den großartigen Vergleich Lou Andreas-Salomés kenne, weiß ich erst endgültig, wie sehr ich damit auf dem richtigen Wege bin. Denn beides tut Not: Erst die intensive Konfrontation mit dem eigenen Unbewußten und dann die ermutigende Botschaft: „Und nun mach dein Werk weiter – trotzdem!"

Meine persönliche Schlußfolgerung lautet: Die Individualpsychologie müßte noch wesentlich analytischer und die Psychoanalyse müßte endlich auch synthetisch werden. Dann wären wir bei einem Therapiemodell, das Messer und Salbe vereint und das annähernd richtig sein könnte. (Birnbaum hat es als anagogisch bezeichnet.)

Bezüglich des Analysedefizits der Adlerschüler möchte ich ein Zitat des Freudschülers Wittels vorbringen:

„Adler war einer der bedeutendsten Schüler Freuds. Er hatte nur einen Fehler: er konnte nicht analysieren. Die Tatsachen des unbewußten Seelenlebens waren ihm schwer zugänglich. Seine Traumdeutungen konnten häufig genug von Außenstehenden korrigiert werden, seine Beschäftigung mit den Kranken drang selten in Regionen vor, die von Freud und vielen seiner Schüler regelmäßig erreicht wurden. Ich glaube nicht, daß es Adler an Talent fehlte. Er wollte nicht und deshalb konnte er 's nicht."

Ich persönlich glaube nicht, daß Adler nicht analysierte, weil er es nicht tun wollte, ich glaube vielmehr, daß er analysierte, aber in seiner Wortwahl aus Gründen, die ich noch erwähnen werde, nicht glücklich war. Alle die Ergänzungen Adlers, die ich angeführt habe, erwecken sehr den Eindruck einer reinen Ichpsychologie, welches das Es übersieht, und einer reinen Bewußtseinspsychologie. Sieht man aber näher hin, so haben alle diese Probleme auch einen unbewußten Anteil, um dessen Bewußtmachung es Adler sehr wohl gegangen ist.

Ich möchte aber jetzt noch darauf aufmerksam machen, daß durch Adler einige Personengruppen in den Mittelpunkt der tiefenpsychologischen Aufmerksamkeit getreten sind:

Erstens, die Kinder. Freud war selbstredend der erste, der das Elend der Kinder entdeckt hatte, wie Kinder Opfer der Neurotisierung werden. Aber Freud, sei es aus seiner Verankerung im Judentum, sei es aus einer ungelösten persönlichen Beziehung zum Vater, ergriff, obwohl er selber gesehen hat, wie die Kinder Opfer der Eltern werden, trotzdem eher die Partei der Eltern und ganz besonders des Vaters. Er identifizierte sich eben mit dem Vater, was auch aus seinen Beziehungen zu den Schülern hervorgeht. Die Vorststellung von den Söhnen, die den Vater töten, war eine seiner „liebsten". Als Adler und später Jung austraten, sah er sich in dieser seiner Annahme tragisch bestätigt. Erst Adler vollzog die volle Hinwendung zum Kind. (In der Psychoanalyse hat dies Anna Freud nachgeholt, die im Krieg die wunderbaren Kindergärten aufbaute und zu einer

Kindertherapeutin von höchsten Graden wurde.) Oscar Spiel hat mir oft geschildert, wie sehr Alfred Adler ein Kinderfreund und Kinderkenner war. Er sah in diesen Kleinen den Nährboden der Zukunft, und er selbst trachtete und rief die anderen dazu auf, alles zu tun, damit die Kinder ein besseres Leben haben.

Die zweite Personengruppe waren die Lehrer. Die Individualpsychologie hat einen unglaublichen Anklang bei den Lehrern gefunden. Diese hatten sehr bald verstanden, daß ihnen Adler die Aufgabe stellt, nicht nur Wissen zu vermitteln, sondern die Gefühlswelt des Kindes positiv zu beeinflussen und eine eventuelle Neurotisierung des Kindes durch die Eltern in der Schule zu entdecken und soweit als möglich auszugleichen.

Die dritte Personengruppe, der Adler besondere Aufmerksamkeit schenkte und die von ihm bis zum heutigen Tage profitiert, sind die Frauen. Adler trat leidenschaftlich für ihre Gleichberechtigung ein. (Ein Problem, mit dem sich Freud nie beschäftigte.) Adler hat gezeigt, daß es eine falsche Frauenemanzipation gibt, indem nämlich die Frau psychisch mannähnliche Züge annimmt. Diese Bemühung bezeichnete er als neurotischen, männlichen Protest. Ich möchte manchen Frauen, die heute so einen männlichen Protest zeigen und die als „Emanzen" wenig Sympathie erwecken, raten, die Adlerschen Gedankengänge nachzulesen. Sie würden dann sehr schnell verstehen, daß es ihnen um die Gleichberechtigung der Frau gehen sollte und nicht darum, dem Manne gleich zu werden. Was ist denn am Mann so großartig, daß es sich lohnte, ihn nachzuahmen?

Eine vierte Personengruppe, die ich ausdrücklich nennen möchte, sind die Politiker, zumindest könnten sie von Adler einiges lernen. Die Psychoanalyse hat sich um Politik kaum gekümmert, ja, hat sich ihr gegenüber mehr als einmal als blind erwiesen. Freud war bis knapp vor dem Jahre 1938 der Überzeugung, daß Hitler Österreich nicht besetzen würde. Er wurde daher vom Einmarsch der deutschen Truppen völlig überrascht und ist nur mit knapper Mühe dem Tode entronnen. Nur der Umstand, daß die Prinzessin Bonaparte imstande war, die immense „Reichsfluchtsteuer“ aufzutreiben, hat Sigmund Freud das Leben gerettet. Freud war auch 1933 bemüht, alle jüdischen Mitglieder zum Austritt aus der Berliner Psychoanalytischen Vereinigung zu bewegen, weil er allen Ernstes glaubte, die Existenz dieser Vereinigung damit retten zu können!! Adler hingegen gab sich seit 1933 keinen Illusionen hin, und er wurde 1934 nach der Niederlage der Sozialdemokratie aus Wien vertrieben. Später holte er auch seine Familie nach Amerika. Alle Adlerschen Institutionen wurden in Wien geschlossen, was Freud mit einer gewissen Schadenfreude zur Kenntnis nahm.

Gerade bei der Wichtigkeit, die Adler dem Gemeinschaftsbegriff zuordnete, waren ihm Kontakte zu Politikern wünschenswert und wichtig, nie aber wäre er bereit gewesen, seine Lehre um eines billigen Vorteils willen zu verkaufen. Lange nach Adlers Tod schrieb Manès Sperber „Alfred Adler oder das Elend der Psychologie“ und bestätigte darin die Tragödie, daß Tiefenpsychologen von Politikern kaum gehört werden. Das hat sich bis heute nicht geändert, sehr zum Nachteil der Politiker und von uns allen.

Ich nähere mich dem Abschluß. Da muß noch ein wesentlicher Unterschied zwischen Freud und Adler besprochen werden: Freud war in der Vertretung seiner Sache sehr geschickt, Adler denkbar ungeschickt. Nachdem sich Adler von Freud getrennt hatte, gründete er einen Verein, den er ausgezeichnet „Freie Psychoanalyse“ nannte. Aber später wollte er immer weniger Ausdrücke verwenden, die ihn in irgendeiner

Weise an Freud erinnerten. Also strich er „Psychoanalyse“ und suchte verzweifelt nach einen neuen Namen. Es gelang ihm nicht, einen guten Namen zu finden. Schließlich kam er auf Individualpsychologie, und das ist ein unglückseliger Name, denn bis heute versteht ihn niemand.

Meine Damen und Herren, was heißt Individualpsychologie? Adler meinte – individuum, das Unteilbare –, der Mensch ist eine unteilbare Einheit. Aber viele Leute verwechseln das mit Individualität und fassen Individualität als das Gegenteil von Sozietät auf. In Wirklichkeit ist aber die Individualpsychologie eigentlich – so wie es Bruno Kreisky in dem Buch, das ich über Adler herausgegeben habe, gesagt hat – die erste Sozialpsychologie. Und als eine solche wird sie Bestand haben, obwohl ihr leider Gottes ihr Name sicher sehr geschadet hat.

Adler war auch später der Ungeschicklichkeit treu geblieben. Freud stellte sich bei seiner Habilitierung taktisch geschickt als Neuropathologe vor, sodaß selbst der strengste „Naturwissenschaftler“ daran nicht Anstand nehmen konnte. Erst viel später entpuppte er sich als grandioser Tiefenpsychologe. Adler hingegen deklarierte sich mit seiner Habilitationsschrift „Über die Minderwertigkeit von Organen“ gleich als solcher, was zur Folge hatte, daß er nicht Dozent wurde. In seinem Gutachten vom 13. Jänner 1915 schreibt der spätere Nobelpreisträger Wagner-Jauregg: „Man muß sich die Frage vorlegen, ob es wünschenswert ist, daß das, was Adler zu lehren hat, an der Medizinischen Fakultät gelehrt werde. Denn daß Adler etwas anderes lehren werde als seine Theorie, ist vergeblich zu erwarten. Ich glaube, man kann die eben gestellte Frage nur mit einem bestimmten Nein beantworten, und ich muß daher beantragen, das Ansuchen Adlers um die venia legendi abschlägig zu bescheiden.“ Allerdings konnte Wagner-Jauregg nicht verhindern, daß heute Adlers Habilitationsschrift als ein Fundament der psychosomatischen Medizin bewertet wird.

Bei all den Unterschieden soll eine Gemeinsamkeit angeführt werden: Adler starb 1937 während einer Vortragsreise in Aberdeen an einer Herzattacke auf offener Straße. Freud kommentierte dieses Geschehen in einem Brief an Arnold Zweig: „Für einen Judenbuben aus Wien ist es schon eine große Karriere, wenn er in Schottland den Tod erleidet." Ein tragisches Schicksal wollte es, daß Freud schon zwei Jahre später, ebenfalls auf der britischen Insel, in London, verstarb.

Meine Damen und Herren, ich habe in diesen Ausführungen nicht gezögert, in einigen Punkten „unseren" Adler hart zu kritisieren. Haben wir ihn deswegen auch nur im geringsten weniger lieb? Über dieselbe Problematik bezüglich Freud schrieb der Analytiker Johannes Cremerius:

„Was ich über den verehrten Lehrer erfuhr, bedeutete nach dreißig Jahren In-Spuren-Gehen eine leidvolle Erfahrung, die verarbeitet werden mußte. Ja, sie war leidvoll, aber auch fruchtbar – und zwar in zweierlei Hinsicht. Zum einen sah ich ihn jetzt in seiner Menschlichkeit, in den Schwierigkeiten und Nöten des täglichen Lebens, als altmodischen pater familiae, stets im Konflikt zwischen der Leidenschaft des Forschers und der Notwendigkeit, den Unterhalt für die zahlreiche Familie verdienen zu müssen, sah ihn in den Spannungsfeldern mit einer ablehnenden Umwelt, mit liebenden und hassenden Schülern. Ihn, der die Allgemeingültigkeit des Ödipusmythos für unsere Kultur entdeckt hatte, sah ich zutiefst darin verstrickt, sowohl mit den eigenen Kindern wie mit Schülern. Es war – und ist mir immer noch – unbegreiflich, wie er, der die Bedeutung des Unbewußten entdeckt hat, von seiner Macht in den menschlichen

Beziehungen gewußt hat, der dafür Begriffe wie Übertragung, Wiederholungszwang, Gegenübertragung gefunden hat, im täglichen Leben damit umging. Der den Menschen vom Es beherrscht sah, der dem 19. Jahrhundert den Satz entgegensetzte, wir seien nicht Herr im eigenen Hause, ging damit um, als habe er für ihn persönlich keine Gültigkeit. Vielleicht konnte er nur unter der Bedingung dieser grandiosen Spaltung seine Forschungsarbeit fortsetzen. Der Preis, den er für diese Spaltung wie für manchen inneren Konflikt gezahlt hat, war hoch. Vielleicht hat er auch die Pakte mit dem Teufel, von denen ich oben berichtet habe, doch nicht so leichthin geschlossen, wie es den Anschein hat. Lange Phasen seines Lebens hat er nur auf die Weise überstanden, daß sein Körper hilfreich einsprang und einen Teil der psychischen Spannungen in Symptomen abführte. Migräne, funktionelle Darmstörungen, Nasenkatarrhe, Reisekrankheiten und hypochondrische Selbstbeobachtung haben ihm dazu gedient. Was brachte es mir, Freud so in seiner Menschlichkeit zu sehen? Eine neue Bewunderung! Wie war es möglich, inmitten all dieser Nöte, Ängste, Belastungen und Verstrickungen ein solches Riesenwerk zu schaffen? Erst jetzt wurde mir klar, was Genialität wirklich ist.

Die andere Hinsicht, in der diese Erfahrung fruchtbar wurde, war ein freierer, kritischerer Zugang zu seinen Theorien und die Fähigkeit, die ehrwürdigen Paradigmata des Meisters zu hinterfragen. Dies wurde erst durch den Wegfall der idealisierenden Projektionen möglich. Jetzt erst habe ich ein Verhältnis zu ihm wie zu einem Meister aus Fleisch und Blut, jetzt erst kann ich ihn fragen, warum er etwas so und nicht anders interpretiert, melde ich Zweifel an, sage ihm, daß hier Begriffe unscharf definiert sind oder im Widerspruch zu anderen Definitionen stehen, und mute ihm zu, daß er mich so erträgt."

Dem habe ich in Hinblick auf die Fehler Adlers, natürlich in gebührendem Abstand, nichts hinzuzufügen.

Meine Damen und Herrn, ich, als Adlerianer, will gerne bekennen, daß wir nicht die ersten sind, weder zeitlich noch auch sonst. Aber in einem Punkte wollen wir die ersten sein: Freud war tiefster Pessimist. Er hat vieles durch eine schwarze Brille gesehen. Adler aber war ein Optimist! Ich erzähle Ihnen eine kleine Geschichte: Als wir im Jahre 1967 in Los Angeles den Weltkongreß für Selbstmordverhütung veranstalteten, hatten wir uns als Aufgabe gesetzt, jede Schule soll Auskunft geben, wie sie zum Selbstmord steht. Der erste Redner war Litmann, ein Psychoanalytiker aus Los Angeles. Er hatte eine merkwürdige Methode, dieses Problem zu erörtern, er sagte: „Schauen Sie, was Freud über Selbstmord geschrieben hat, das können Sie in jedem Buch lesen, aber ich weiß etwas anderes. Einige Schüler von Freud haben Selbstmord begangen, und ich werde Ihnen jetzt erzählen, was Freud über diese Selbstmorde gesagt hat." Es war ein glänzender Vortrag. Als nächster kam ich, als Adlerianer, dran. Ich begann mit den Worten: „Meine Damen und Herren, der Vortrag von Litmann hat mich so bewegt, daß ich alsogleich den Beschluß gefaßt habe, ich werde jetzt auch so vorgehen. Ich werde Ihnen jetzt berichten, was Adler über die Selbstmorde seiner Schüler gesagt hat. Aber ‚unglückseligerweise' hat kein einziger Adlerschüler Selbstmord begangen." Ich unterstreiche: Was den Optimismus betrifft, wollen wir die ersten sein, obwohl wir in einer sehr kritischen Zeit leben. In einer vom Untergang bedrohten Welt wollen wir als Adlerschüler weiter die Therapie machen und wollen daran arbeiten, daß diese Welt eine bessere wird.

Ich möchte mit einem kleinen Vers von Peter Meiwald schließen. Mir kommt vor, daß dieser Journalist hierin sehr trefflich eine individualpsychologische Grundeinstellung ausdrückt.

Sonne, Mond und Sterne
schenke ich dir gerne.
Freude, Frieden, Lachen,
mußt du selber machen.

Drill oder befreiende Bewegung

SPORT ANNO 1960

Meldung vom Wettlauf durch die Lübecker Schweiz:
Die Läufer trainieren täglich zehn Stunden.
Sie brauchen für 100 Meter zirka minus 14 Sekunden.
Die Spitzengruppe ist heute morgen bereits im Jahre 1920 verschwunden!

Erich Kästner

Gestatten Sie, daß ich dieses Thema sehr persönlich behandle. Ich will zuerst erklären, warum mir in meiner Kindheit und Jugend „Leibeserziehung" ein Alptraum war, eines der widerlichsten „Dinge", die ich kannte. Ich darf dafür drei Begründungen anführen.

Erstens: Meine Eltern vertraten früh den Standpunkt: „Intelligent ist ja der Bub, aber so ungeschickt, daß er körperlich überhaupt nichts zustande bringt." Dies hat mich früh auf eine einseitige Bahn geführt: Ich begann, mich intensiv mit geistigen Dingen zu beschäftigen und vernachlässigte immer mehr alles, was mit körperlicher Geschicklichkeit zu tun hat. Meine Ungeschicklichkeit führte später, als ich während des Medizinstudiums lernen sollte, Injektionen zu geben, fast zu einer Katastrophe. Bei „meiner" ersten Injektion gelang es mir nicht, in die Vene zu kommen, was den neben mir stehenden Arzt zu dem Kommentar veranlaßte: „Geben Sie 's auf, aus Ihnen wird nie ein Arzt." Wenn nicht eine Ärztin zu mir gesagt hätte: „Lassen S' ihn reden, morgen üben wir 's zusammen, es wird schon gehen.", hätte ich vielleicht entmutigt aufgegeben. Am nächsten Tag gelang mir das Injizieren auf Anhieb, und meine sogenannte körperliche Ungeschicklichkeit hatte sich als Märchen entpuppt.

Dies weist deutlich auf die Bedeutung des diesbezüglichen Klimas im Elternhaus hin, nämlich, ob es körperfreundlich oder körperfeindlich ist.

Der zweite Punkt: Unser Turnlehrer in der Schule war ein trockener, formalistischer, fast zwanghafter Mensch. Vor dem eigentlichen Turnen mußten wir der Größe nach geordnet antreten. Da gab es jedes Mal Streit, wer der Größte, wer der Kleinste sei, wer wo den Platz einnehmen müsse. Den Rest der Stunde wurde vom Anfang bis zum Ende geübt und getadelt und ermahnt, kurzum: Die Turnstunden waren für uns alle eine Qual. Daher habe ich nach Gründen gesucht, mich vom Turnunterricht befreien zu lassen, und wer sucht, der findet: Eines Tages verunglückte ich beim Turnen. Ich schlug mit dem Fuß so sehr an den Barren, daß eine klaffende Wunde entstand, man sah bereits mein Schienbein, und die Rettungsgesellschaft mußte ausrücken. Seit damals galt ich als körperlich „gefährdet", und das habe ich – leider, so sage ich heute – eben dazu benützt, dem Turnunterricht fernzubleiben, freilich mit Unterstützung des Elternhauses. Der entscheidende Faktor für meine Abscheu vor dem Turnen war aber die Art des Unterrichts. Wer die „Klavierspielerin" von Jellinek gelesen hat, weiß, wie es der Mensch versteht, die herrlichsten Dinge dem Kind so beizubringen, daß es ein Leben lang von ihnen nichts mehr wissen will.

Der dritte Punkt hat eine politische Dimension. Ich wurde schon in jüngsten Jahren zu einem leidenschaftlichen Anhänger für Österreich erzogen, was damals, zwischen 1918 und 1938, nicht selbstverständlich war, denn viele Menschen ersehnten, daß Österreich bald in dem großen Deutschland auf- und untergehen sollte. Ich bin also als österreichischer Patriot aufgewachsen und gleichzeitig als sozial empfindender Katholik, was ich ebenfalls meinen Eltern zu verdanken habe. So erkannte ich schon als junger Mensch, daß das Hitlerregime ein verbrecherisches war und gleichzeitig, daß eine der entscheidenden Säulen des Nationalsozialismus ein hemmungsloser Militarismus war. Daher wurde ich konsequent bald ein Feind des Militärs und ebenso des Sportes, weil auch zwischen Sport und Nationalsozialismus eine sehr enge Beziehung bestand. Nicht für alle, aber für viele vom „rechten Lager“ hat zugetroffen: War man sportlich, dann war man auch national, war man national, dann war man früher oder später nationalsozialistisch. Dies verstärkte meine Abscheu vor dem Sport noch mehr, die schon, wie in Punkt eins und zwei angedeutet, vorgeprägt war.

Meine Ablehnung des Sportes wurde auch noch dadurch erhöht, daß die Regierung Schuschnigg im Rahmen des Turnunterrichtes (wohl in Nachahmung Hitlers) vormilitärische Schießübungen einführte. Schießen war mir immer besonders widerlich, auch wenn man „nur“ auf Tiere zielte, und da ich kurzsichtig war und keine Brille trug (!), gelang es mir, bei 100 Schüssen nur ein einziges Mal die Schießscheibe, und da nur ganz links außen, zu treffen, weswegen ich von den Mitschülern entsprechend verhöhnt wurde. Allerdings führte mein Unvermögen dazu, daß ich von den Schießübungen befreit wurde! Später, im Krieg, hatte ich mir vorgenommen, für Hitler erst recht keinen Schuß abzugeben – ein Versprechen, dessen Einhaltung nur unter den abenteuerlichsten Umständen auch tatsächlich gelang, wobei mir wiederum das Fehlen einer Brille sehr zustatten kam.

Im Jahre 1938, damals war ich in der 7. Mittelschulklasse, mußten alle unsere guten Professoren, die meisten Juden, über Nacht abtreten. Wer wurde neuer Direktor? „Natürlich“ ein Professor für Leibeserziehung. Dieser Umstand schien mir, wie manches andere auch, symbolisch für den Ungeist des neuen Regimes zu sein. Im nächsten Jahr, 1938/39, stand Leibeserziehung bereits an der Spitze aller Gegenstände. Dies aber war der einzige Gegenstand, in dem ich ein „genügend“ hatte. Zum Glück galt noch nicht das neue Gesetz – es trat erst im nächsten Jahr in Kraft –, das verhindert hätte, daß ich mit Auszeichnung maturiere. Seit der Zeit des „Turnvaters“ Jahn besteht die Tendenz, daß Turnen mit Nationalismus in engster Beziehung steht. Ich muß darauf hinweisen, daß es heute noch eine Reihe von Turnverbänden gibt, die, um es höflich zu sagen, sehr in der Nähe sogenannten nationalen – in Wirklichkeit nationalsozialistischen – Denkens stehen. Die Förderung von turnerischen Vereinen oder von Sportverbänden muß einer sorgfältigen Überprüfung unterzogen und die von deutschnationaler oder nationalsozialistischer Gesinnung endlich eingestellt werden.

Familie, Schule und Politik sind die Faktoren, die für meine turn- und sportfeindliche Haltung verantwortlich waren. Daß ich damals keine andere Einstellung entwickeln konnte, bedaure ich heute zutiefst.

Es war zu hoffen, daß mit dem Jahre 1945 eine neue Art von Leibeserziehung und Sport etabliert werden würde. Mit dem Ende des Krieges begann in Österreich in gewissem Sinne eine materialistische Periode. Wo das Land darniederlag, alles zerstört und vernichtet war, und wo eine Generation daranging, den Schutt, der da lag, aufzuarbeiten, wurde „Leistung“, die schon unter den Nazis hoch im Kurs stand, neuerdings zu einem wichtigen Begriff. (Leider hat man nicht den geistigen Schutt auch aufgeräumt!) „Wiederaufbau“ hieß die Devise, in deren Zeichen man äußerste Forderungen an sich selber und auch an andere stellte. Gleichzeitig damit wurde der Besitz, das, was man sich erarbeitete, was man sich erwarb, zu einem ungeheuren Wertbegriff. Vergnügen, Freizeit, Erholung, Entspannung waren damals zu vernachlässigende Größen. Dafür ließ man sich keine Zeit. Ich mache diese Leistungen nicht schlecht. Im Gegenteil: Man wird diese

Leistungen bewundern, wenn man bedenkt, daß sie vielfach von Menschen vollbracht wurden, deren Körper noch teilweise vom Hunger des Krieges und der Nachkriegszeit gezeichnet waren. Aber ich muß doch feststellen, daß die Vorherrschaft des materialistischen Denkens auch einen ganz wesentlichen Einfluß auf die Auffassung des Sportes hatte und hat. Wie im übrigen Leben die beiden Begriffe „Leistung“ und „Erfolg“ immer mehr glorifiziert wurden, so auch im Sport. So wie wir auf anderen Gebieten eine stets verbesserte Technik anwenden, so wird sie auch in den Dienst gesteigerter, sportlicher Spitzenleistungen gestellt.

In der Folge der Auflehnung so vieler junger Menschen gegen diese Denkungsart im Jahre 1968 kamen zahlreiche Leute endlich zu dem Bewußtsein, daß man nicht nur lebt, um zu arbeiten, um immer mehr Güter anzuhäufen, und damit in die Position des Königs Midas zu kommen, der verhungerte, weil ja alles auf seinen Wunsch hin zu Gold wurde – bekanntlich kann man Gold weder essen noch trinken. Mit dem Jahre 1968 wurde die Forderung nach Selbstverwirklichung populär, das heißt: Man lebt, um sich zu entfalten, man lebt, um zu wachsen, um sich zu weiten, um immer mehr Dinge bewußt zu erleben, sich daran zu freuen. Man entdeckte sehr bald, daß Selbstverwirklichung nicht vereinbar ist mit dem gewaltsamen „Durchboxen“ der eigenen Person für die Verwirklichung der nie endenden Karrierewünsche. Das Entstehen immer zahlreicherer Selbsterfahrungsgruppen verweist auf den sozialen Aspekt dieses neuen Bewußtseins. Kommunen probten ein neues Leben, wo Solidarität Wirklichkeit werden sollte. Es war die Zeit, als in größeren Kreisen nicht mehr das Ich im Mittelpunkt stehen sollte, sondern die Gemeinschaft, die Gesellschaft. Das wäre die Chance gewesen, daß Turnen und Sport in neuer Form praktiziert worden wäre. Tatsächlich versuchten einige Eltern und junge Lehrer, den Kindern Freude am Körper, an der Bewegung, am Zusammenspiel mit anderen und der Rücksicht auf andere zu vermitteln. Aber das sind wohl Ausnahmen geblieben. Turnen ist nach wie vor in vielen Fällen ein Disziplinierungsmittel, Sport eine Erziehung zur rücksichtslosen Leistung.

Wir sehen, man kann über unser Thema nicht sprechen, wenn man nicht die gesamte Gesellschaft und ihre Werte im Auge hat. Denn in Turnen und Sport spiegeln sich die Werte der Gesellschaft, ihre Haltung zu Körper, Bewegung, Erotik und Mitmenschen.

Wir haben durch die 68er Revolution, was die Freizeit betrifft, drei neue Gesichtspunkte gewonnen:

Erstens: Man will die Freizeit genießen, man will sich an ihr erfreuen. Zum ersten Mal hat der Begriff Erholung die Bedeutung, wie sie sich im Wort eigentlich ausdrückt: Man will sich etwas zurückholen, das man ausgegeben hat.

Zweitens: Man gewinnt eine neue Beziehung zum eigenen Körper. Diese Beziehung zum eigenen Körper ist verbunden mit einer neuen Auffassung von Gesundheit, von sexueller Kommunikation, mit einer neuen Auffassung der psychosomatischen Einheit, nämlich, daß der Mensch erkennt: Wenn er im Körper gesund ist, hilft ihm dies auch zu seelischer Gesundheit. Der kranke Körper erzeugt trübe Gefühle, der gesunde fröhliche und dankbar glückliche und umgekehrt: Wer seelisch krank ist, ist bedroht, auch im Körper krank zu werden.

Drittens: Die Wichtigkeit des Reisens. Man will die ganze Welt ergründen, man will sehen, man will nicht nur in einer eng begrenzten Nationalität leben, sondern mit anderen Völkern kommunizieren, das heißt, genauer gesagt: Man will nicht mehr die Einförmigkeit, man will die Buntheit, das Andersartige.

Diese neue Vorstellung von der Freizeit hat einen ganz wesentlichen Einfluß auf die Änderung des Sportbetriebes, auf die ich aufmerksam machen möchte. Wir können nämlich feststellen, daß doch immer mehr Menschen aktiv Sport betreiben. Für immer mehr wird Sport zu dem, wofür ein echtes Bedürfnis besteht: seinen Leib in gesunder Funktion zu erhalten im Eingehen und in der Begegnung mit anderen, ausgerichtet auf gemeinsame Ziele.

Diese Entwicklung ist erfreulich, aber wie ich schon vorhin gesagt habe: Das materialistische Zeitalter gibt sich nicht geschlagen, wenn ich das so ausdrücken darf. Es versucht, die Verwandlung des Sportes in eine allgemeine Freude zu torpedieren.

Es haben sich neue Formen gebildet, die wiederum Ausfluß der Leistungsgesellschaft sind, denken Sie an den „Aktivurlaub", der modern geworden ist. In ihm wird häufig ein überkomplettes Programm angeboten, bei dem der Sport in allen Ausformungen nie fehlen darf. Hier erst recht steht man unter dem Zwang, ständig etwas tun zu müssen – man wechselt vom Schwimmen zum Bogenschießen – je exklusiver, desto besser –, spielt Tennis, muß der Schnellste, der Tüchtigste sein. In Wirklichkeit ist im Spielplan dieses Aktivurlaubs keine Sekunde frei, denn die meisten stehen unter dem Zwang, von einer Spannung in die andere geraten zu müssen und alle Möglichkeiten auszuschöpfen, wobei das Tempo der Ereignisse (Events) ins Irrsinnige gesteigert wird.

Es ergibt sich die Frage „Warum ist das so?" Die Antwort lautet: um zu verhindern, daß der Mensch zu sich selber findet. Wir brauchen ja Zeit, um in uns hineinzuschauen. Der Aktivurlaub ist eine Bemühung, es den Menschen zu ersparen, sich selbst im Spiegel zu sehen und, wie böse Menschen sagen, das ist ein Anblick, den er nicht aushält. Und deswegen ist er ununterbrochen auf der Suche nach Spannung, die ihn so in Erregung versetzt, daß er nicht zur Selbstbesinnung kommt. Dies ist ein ganz wichtiger Punkt.

Der Sport, der mir vorschwebt, ist hingegen ein

Sport, der es uns ermöglicht, zu uns selber zu finden, uns selber zu begegnen, mit der Seele zu baumeln, wenn Sie so wollen. Baumeln ist ja auch eine Art Sport, nicht?

Es sind ein paar Sportarten im Aufstieg, habe ich mir sagen lassen, die noch Hoffnung geben, daß diese Entspannung jetzt an Boden gewinnt. Das ist für mich zum Beispiel das Golfspielen. (Hier scheint mir das Wandern den „Kampf" bei weitem zu überflügeln. Freilich darf man dabei auch soziale Gesichtspunkte nicht vergessen; Golf verschlingt große Summen und steht daher nur den Reichen offen; vielleicht sollte man also besser Minigolf propagieren.) Weiters möchte ich das Schilanglaufen und das Surfen nennen. Es handelt sich dabei um Sportarten, die die Chance in sich tragen, nicht mehr mit Gewalt in Konkurrenz zu stehen: Nicht, einer muß siegen und einer muß unterliegen, sondern wir geben uns dem Genusse hin.

Ich komme jetzt zum Problem Sport und Gesundheit. Auch hier ist die materialistische Auffassung des Sportes noch keineswegs geschlagen. Ich habe einmal die Ehre gehabt, mit einem Olympiasieger aus der Tschechoslowakei längere Gespräche zu führen, und der hat mir gesagt: „Das Training für eine solche Olympiade ist mit einer finsteren Röhre zu vergleichen, in die man sich hineinzwängt, sodaß man links und rechts alles vergißt und sich nur auf das einzige Ziel des Erfolges konzentriert." Das ist ein Zustand, den man als Einengung bezeichnen muß, und solch eine Einengung ist für jeden Spitzensport charakteristisch. Sie befähigt auf der einen Seite sicherlich zu höchsten Leistungen, läßt aber den Menschen andererseits verdorren und „erlaubt" es ihm dann bei der Wahl der Mittel, die zum Siege führen, jede Moral beiseite zu lassen. In diesem Sinne kann man auch die beschriebene Einengung als destruktiv präsuizidal bezeichnen. Auf jeden Fall ist sie auf längere Sicht krankmachend. Ich möchte nicht diejenigen untersuchen, die Spitzensportler gewesen sind, wie sie dann später körperlich und seelisch aussehen!

Umgekehrt möchte ich sagen: die *neue* Sportauffassung ist ein Segen für die Gesundheit. Denn es ist das auch ein parasympathikotoner Sport und nicht mehr ein rein sympathikotoner. Sympathikoton ist Bereitstellung, gewaltsame Anspannung, Kampf, Auseinandersetzung, letzter Einsatz. Parasympathikotoner Sport ist, wenn ich dabei auch Entspannung finde, wenn ich den Körper fröhlich auskoste, genieße, und ein vollkommenes Ja zu ihm sage, nicht unbarmherzig bin zu ihm wie der Spitzensportler, der eigentlich sein eigener Feind wird. Es scheint oft so, als wolle er ihn durch Überforderung vernichten, um des Sieges willen diese Zerstörung gern in Kauf nehmen. Oft weiß man überhaupt nicht, was die Betreffenden mehr wollen: den Sieg oder die Vernichtung. Manchmal ist es so, daß der Wille zum Sieg mit dem Willen zur Selbstzerstörung zusammenfällt.

Nun aber, nach dieser kritischen Warnung zurück zum neuen, zum parasympathikotonen Sport. Gerade als Psychosomatiker halte ich ihn für sehr sinnvoll, denn der Mensch hat drei Möglichkeiten, seine Gefühle zu verarbeiten. Jedem ist bekannt, daß wir oft in schlimme seelische Krisen kommen, weil sich Verzweiflungen, Erbitterungen, Haßgefühle, Ängste oft sogar bis zu Panik in uns zusammenballen. Das erste Heilmittel dafür ist das Gespräch. Es kann unsere Spannungen lösen, vorausgesetzt, daß wir zu sprechen gelernt haben. Wir leben ja in einer Welt, wo man eher trainiert wird, seine Gefühle zu verbergen, wo man also diesbezüglich behindert ist. Als zweiten Weg, mit Gefühlszusammenballungen fertig zu werden, nenne ich die Motorik. Sie ist ein gutes Mittel, unangenehme Gefühle zu reduzieren. Die dritte Möglichkeit ist die Abreaktion über das vegetative Nervensystem. Und wenn wir Möglichkeit eins und zwei nicht nützen, werden diese Gefühle ins vegetative Nervensystem kanalisiert und erzeugen das, was wir psychosomatische Erkrankungen nennen, und die nehmen heute in enormem Maße zu. Hier bringt man die Gefühle (im Gegensatz zu Möglichkeit eins und zwei) nicht aus dem Körper heraus, sondern sie beeinflussen den Körper krankmachend.

Für unser Thema ist festzustellen: der Sport vermag sehr viel Emotionales abzureagieren. Freilich nur dann, wenn es sich um eine Art von Bewegung handelt, die nicht neuerlich einen Zwang darstellt, Streß erzeugt. Wenn ich im Sommer in einem öffentlichen Bad schwimme, sehe ich oft Menschen, die gequält die Längen zählen, die sie glauben, zurücklegen zu müssen. Dies als Beispiel für eine Leistungsorientiertheit, die psychosomatisch nichts bringt. Ähnliches ließe sich über jede Sportart sagen. Nur noch ein Beispiel: das heute so moderne Joggen. Es kann sehr erholsam sein, kann aber auch krankhaft verkrampft sein. Im letzten Fall ist es eher eine gesundheitliche Gefährdung denn ein Gewinn. Den entscheidenden Unterschied sehe ich darin, ob man „locker" läuft. Die Auflockerung drückt eine positive Beziehung zum Körper aus, man ist dann gut zum Körper und nicht gewaltsam, oktroyiert ihm keine Zwänge auf. Der tiefste Sinn des Sports scheint mir darin zu liegen, daß wir durch ihn eine neue seelische Verfassung bekommen.

Als ich begonnen habe, mich wissenschaftlich mit der Psychiatrie zu beschäftigen, fand ich in einem Buch von Viktor von Weizsäcker folgendes Motto: „Krankheiten entstehen nicht nach Art eines Zufalles, sondern aus einer leidenschaftlichen Lebensbewegung. Und nur der wird ihr Zustandekommen verstehen können, der im Stande ist, dieser leidenschaftlichen Lebensbewegung zu folgen." Schon deshalb ist das Wort Bewegung für uns Ärzte, besonders für uns Psychosomatiker, ein ganz kostbares Wort: in Bewegung sein, nicht erstarren, nicht an einem Punkt stehenbleiben, die Stufen des Lebens hinaufsteigen, nachdenken, welches die geheimen Lebenspläne sind, nach denen wir unserer Bewegung die Richtung geben. Dieses Bewegen gilt nicht nur im seelischen, sondern auch im körperlichen und damit im gesamtheitlichen Sinne. Jede Bewegung, die wir körperlich durchführen, ist eine Chance, daß wir auch im Geistigen beweglich sind, daß wir bereit sind, Neues aufzunehmen und uns neue Ziele zu erarbeiten. Die Bewegung, von der ich jetzt spreche, beginnt in der frühen Kindheit und soll nie aufhören: Solange wir am Leben sind, sollen wir beweglich sein. Wer aufhört, beweglich zu sein, ist ein „lebender Leichnam", um es mit Toistoi auszudrücken.

Daher stellt bei uns, auf der psychosomatischen Klinik, die Konzentrative Bewegungstherapie eine kostbare Hilfe dar. Wie Menschen aufeinander zugehen, was sie mit einer einzigen Körperbewegung ausdrücken an Zuneigung, Ablehnung, Angst, Hemmung, das alles lernt man in der Konzentrativen Bewegungstherapie verstehen. In letzter Zeit haben wir noch eine Behandlung eingeführt, die auf Bewegung beruht: die Tanztherapie. Tanz wird bekanntlich auch als Sport ausgeübt und stellt wirklich einen wunderbaren Sport dar.

Ich werde oft nach dem Unterschied zwischen Konzentrativer Bewegungstherapie und Tanztherapie gefragt. Nun, bei der ersteren muß man erst lernen, auf den anderen zuzugehen, und sie benutzt oft auch Gegenstände, damit man die Körpersprache deuten lernt. Bei der Tanztherapie hingegen ist von Haus aus die Paarproblematik angesprochen und außerdem spielt natürlich die Musik eine größere Rolle.

Ich benütze noch einmal die Gelegenheit, auf die gesundmachenden Kräfte der Bewegung hinzuweisen: Die Bewegung sollte auch im Urlaub eine größere Rolle spielen: Nicht nur mit dem Auto im Stau stecken, sondern wandern, radfahren, usw. sollte die Devise sein. Wir würden uns dabei unabhängiger vom Auto machen und lernen, mehr auf unsere eigenen Kräfte zu vertrauen. Wer wollte bezweifeln, daß das auch verändernd auf unsere Seele wirken würde?

Leibeserziehung und Sport kann aber auch noch auf andere Weise einen Beitrag zur seelischen Gesundheit leisten: Er stellt eine sehr schöne Chance dar, mit anderen Menschen spielerisch und besser zu kommunizieren. Oberstes Gebot müßte das sein, was die Engländer fairplay nennen, also: ehrlich miteinander umgehen. Ich fürchte, daß dieses fairplay im Spitzensport immer seltener vorkommt. Dopingfälle, Methoden, mit Gewalt siegen zu wollen, nehmen ebenso schändlich wie schädlich zu.

Unlängst hat jemand zu mir gesagt: „Was soll ich machen, die Schüler wollen ja Wettkämpfe, bei denen es viele Besiegte und oft nur einen Sieger gibt.“ Ich meine, man müßte die Schüler lehren, auch beim Sport Siegesambitionen gewaltig zu reduzieren. Wir brauchen keine Unterlegenen, sondern wir sollen versuchen, die Kinder alle zur Zufriedenheit zu führen. Wir müssen vermeiden, die Kinder und auch die Erwachsenen gegeneinander aufzuhetzen. Ich behaupte, daß unsere Schule vielfach auch auf anderen Gebieten das System der Hackordnung fördert. – Und viele müssen erdulden, daß auf ihnen herumgehackt wird! Statt dessen brauchen wir gegenseitige Achtung!

Friedrich Torberg hat den wunderbaren Roman „Die Mannschaft“ geschrieben, in dem er zeigt, wie notwendig es ist, daß sich viele Spieler zu einer Gruppe, zu einer Gemeinschaft formen. Und unsere Weltcupsiegerin Petra Kronberger hat nach einem ihrer zahlreichen Siege auf die Bemerkung eines Reporters: „Heute haben Sie ja die ganze Konkurrenz demoliert.“, geantwortet: „Das Wort höre ich nicht gerne, es ist aggressiv, erinnert mich an Krieg. Bei uns ist es anders. Einmal gewinnt die eine und dann wieder die andere.“

Daß sich der Spitzensport langsam lächerlich macht, will ich noch an Hand zweier Sportarten erläutern, die mir persönlich am Herzen liegen, weil sie mich sehr interessieren. Zuerst der Fußball: Wenn man 1990 die Weltmeisterschaften gesehen hat, so war zu erkennen, daß alle die, welche unter die letzten 16 gekommen sind, vor allem erfolgreich waren, weil sie letztlich unfair gespielt haben, indem sie einvernehmlich eine Punkteteilung verabredet hatten und damit auf die magischen drei Punkte gekommen sind, die zum Aufstieg nötig waren. Die Österreicher waren „dumm" genug, mit den Tschechen nicht auch so ein „Abkommen" zu treffen, ich muß sagen, Gott sei Dank haben sie das nicht getan, denn ich verachte es, mit unsportlichen Tricks ans Ziel zu gelangen. Das Endspiel hat gezeigt, daß die Argentinier nur auf ein Elfer-Schießen spekuliert haben, weil ihr Tormann wunderbarerweise schon vier Elfer gehalten hatte. Die Deutschen haben das Tor des Gegners erfolglos berannt, der Schiedsrichter wollte kein Nachspiel und hat daher den erlösenden Elfer diktiert. Ich will damit den Erfolg der deutschen Mannschaft bei der Weltmeisterschaft wahrlich nicht schmälern. Sie war meiner Meinung nach das beste Team, aber dennoch möchte ich sagen: Wenn das weiter so gemacht wird, läuten früher oder später für den Spitzensport die Totenglocken, nicht nur für den Fußball, sondern auch zum Beispiel für Tennis: Beim Wimbledon gewinnt einmal Becker, dann Edberg, dann wieder Becker, dann wieder Edberg, immer dieselben zwei. (Das erinnert mich an Politiker und Chefs großer Institutionen, wo häufig immer dieselben einander abwechseln, sodaß man glauben könnte, es gäbe nur ein paar Menschen, die geeignet wären, diese Positionen inne zu haben.) Aber vielleicht sind diese Symptome, so schlimm sie sein mögen, auch Grund zur Hoffnung: Denn sie sagen, meiner Meinung nach, auch, daß die

Zeit des Spitzensportes früher oder später zu Ende sein wird.

Ich komme auf den Turnunterricht zurück. Mir wurde gesagt, man solle die Sport- und Turnlehrer ermahnen, daß sie ihre Schüler genauso wie ihre Kinder behandeln. Ich meine, man sollte manchen Turnlehrern sagen: „Behandelt die Schüler *nicht* so, wie ihr eure Kinder zu Hause behandelt!" Frei, fröhlich, ausgelassen zu sein, dazu sollte der Sport beitragen, nicht aber zu Streß, Drill, Leistungsstreben, Konkurrenzdenken, Kampfattitüden und „Sieg um jeden Preis". Als warnendes Beispiel will ich ein Gedicht Peter Turrinis zitieren:

In der Schule
beim Bauchaufzug
hing ich am Reck
mit angehaltenem Atem
hochrotem Gesicht
und brachte die Füße
nicht über die Stange.

Ich sah aus
wie ein Frosch
oder ein Sack Kartoffeln.
Unter dem ironischen Blick des Turnlehrers
hatte mein schwerer Körper
nichts mehr
mit mir
zu tun.

Daß man also Kindern die Möglichkeit gibt, Freude am eigenen Körper und seiner Bewegung zu genießen, sollte Ziel des Sports und des Turnens in der Schule und daheim sein.

Den Turnlehrern ein Gedanke auf den Weg: Ich würde vier Gegenstände sofort von der lästigen Qual der Benotung befreien, nämlich jene, die nach meiner

Vorstellung die heiligsten und wichtigsten sind. An 1. Stelle Religion, an 2. Stelle Kunsterziehung, an 3. Stelle Musik, an 4. Stelle Leibeserziehung. Ich weiß schon, die Lehrer sagen: „Wenn ich keine Noten geben darf, dann kann ich die Schüler nicht mehr disziplinieren und gelte dann bei meinen Kollegen nichts mehr. Der Mathematiker und der Lateiner, die haben Ansehen, weil sie mit Angst und Schrecken regieren können." Man sollte bedenken, daß in dem Wort Note offensichtlich schon rein sprachlich die Not steht. Die Not des Schülers, in die Angst hineingetrieben zu werden, und die Not des Lehrers, nur durch die Note seine Autorität aufrecht zu erhalten. Wir brauchen neue Lehrer, die Vorbilder sind, die vorbildhaft leben, die für ihren Gegenstand begeistert sind, und die durch diese Begeisterung fähig sind, auch ohne Notentyrannei in den Schülern eine ähnliche Begeisterung wachzurufen.

An dieser Stelle auch ein Wort an die Schüler: Sie sollten ein solches demokratisches, menschliches, wohlwollendes Verhalten nicht als Schwäche verkennen und nicht versuchen, dann den Lehrern auf der Nase herumzutanzen. Jahrhundertelange Hierarchie und Unterdrückung, Erziehung zu blindem Gehorsam hat niemanden reif für demokratisches Verhalten gemacht. Daher müssen wir jetzt versuchen, Menschen heranwachsen zu lassen, die Geduld und Toleranz so zu schätzen wissen, daß sie darauf verständnisvoll reagieren und sie nicht mißbrauchen. Demokratie setzt demokratiefähige Menschen voraus und diese zu entwickeln ist ein hartes Stück arbeit und wird lange Zeit brauchen, daher möchte ich auch den Schülern zurufen: Fangt ehebaldigst damit an!

Abschließend möchte ich zusammenfassen: Als Kind war ich „verseelt, verdacht", um mit Wildgans zu sprechen, und lehnte den Sport ab. Als ich Arzt wurde, habe ich mich zwar auch vor allem der Seele zugewandt, gerade als Psychosomatiker aber lernte ich die

Bedeutung des funktionierenden Körpers erst richtig zu schätzen. Heute weiß ich, daß der Sport eine wichtige Quelle der Gesundheit ist. Mein Freund Georg Kreisler singt zwar „Sport ist nicht gesund", und für gewisse Sportformen und Sportler trifft das leider zu. Aber eine neue Sportauffassung ist sehr wohl imstande, Gesundheit zu erhalten und hilft auch mit, sie wiederherzustellen. Daher ist die Vereinigung von Gesundheit und Sport in einem einzigen Ministerium im Rahmen der neuen Regierung sehr zu begrüßen: Denn sie ist sachlich richtig und darüber hinaus ein Signal dafür, daß Sport der Gesundheit dienen soll. Die Lehrer sind besonders gebeten, Turnen und Sport ihren Schülern so zu vermitteln, daß ihre Freude an der Bewegung nicht erlischt, sondern sich bis ins hohe Alter weiter entwickeln kann.

In letzter Zeit habe ich mich öfters zu Sportproblemen geäußert, und manche haben dies abfällig kommentiert: „Zu allem muß der Ringel seinen Senf geben!" Ich aber meine, daß man, „will man ins Unendliche schreiten, im Endlichen nach allen Seiten gehen muß", wie Goethe gelehrt hat. Und ich meine, daß das gerade für den Psychotherapeuten gelten soll, dessen Wirksamkeit umso größer werden kann, je mehr er im *ganzen* Leben zu Hause ist. Ich hoffe, gerade mit den heutigen Ausführungen bewiesen zu haben, daß der Sport mir nicht ganz fremd ist.

Nun bin ich ein schwer gehbehinderter Mann, der größtenteils auf den Rollstuhl angewiesen ist. Einst war ich sportfeindlich, jetzt ist er für mich wunderbar. – Fällt doch die Behinderung völlig von mir ab, wenn ich schwimmen darf. Und da begreife ich die Gnade, mich frei bewegen zu können und durchs Wasser zu gleiten, wohin und solange ich will. Und mit einer großen Verbeugung vor dem so wichtigen, so lebenswichtigen Versehrtensport möchte ich meinen Vortrag über diesen kostbaren Bereich beschließen.

Sterben ist Teil des Lebens

Dieses Thema liegt mir besonders am Herzen! Conrad Ferdinand Meyer hat gesagt: „Wir Toten, wir Toten sind die größeren Heere als ihr auf der Erde, als ihr auf dem Meere.“ In diesem Sinne sollte ein Vortrag dieser Art wohl damit beginnen, daß wir der Millionen, ja Milliarden Menschen, die vor uns gestorben sind, gedenken. Sie sind noch irgendwie bei uns, obwohl ihre Leiber längst zu Staub geworden, sind sie mit uns, und wir dürfen sie nicht vergessen, nicht nur die, die uns nahe standen, sondern alle.

Wir feiern jetzt Allerheiligen und Allerseelen, traditionsgemäß die Tage, an denen wir der Toten gedenken und zu ihren Gräbern gehen. Meiner Überzeugung nach sollten wir eigentlich immer, wobei ich das Wort „immer“ noch näher bestimmen werde, des Todes eingedenk sein. Anton Wildgans hat ein schönes Gedicht geschrieben:

> Ich denke dich an jedem Tage, Tod!
> Seitdem ich dich in Knabennächten fühlte
> Und nah dein Hauch mir fast das Herz
> verkühlte,
> Bist du mir weder Schauer mehr noch Not.
>
> Das Sakrament, das mir der Priester bot,
> Indessen Fieberglut mein Blut durchschwühlte
> Und Nebel von Gesichten mich umwühlte,
> Schien der Erlösung himmlisch Mannabrot.
>
> Ich schloß die Augen, hörte wie im Traum
> Die Klosterschwester De profundis beten,
> Die Sterbekerze geisterte im Raum.
> Aus blauen Körbchen reichten die Tapeten
> Mir Früchte her, es hob mich auf wie Flaum,
> Und meiner Seele goldne Flügel wehten!

Nun meinen viele Leute, wenn man an jedem Tag des Todes gedenkt, müßte jeder Tag verdorben sein. Ich glaube das nicht! Ich will gleich jetzt mein Bekenntnis vorbringen: Das Sterben, das uns vom Leben zum Tode bringt, das Sterben ist ein Teil des Lebens, und wir sollen diesen Teil nicht fürchten, sondern als Bestandteil unseres Daseins akzeptieren.

Der große Psychotherapeut und Entdecker der Neurosenlehre, Sigmund Freud, hat den Begriff „Todestrieb“ geprägt. Er wollte damit sagen: Bevor Leben war, war das Unbelebte, und der belebte Mensch hat demgemäß den Wunsch, in den unbelebten Zustand zurückzukehren, das bedeutet, er strebt nach dem Tode. Und in der Tat: Der Tod ist das ersehnte Ziel unseres Lebens. Wir sollten uns dessen bewußt werden! Ich will das mit einem Beispiel erklären: Wenn man uns sagen würde: „Du bist unsterblich, du sollst ewig auf dieser Welt wandeln.“, würden wir nicht beglückt reagieren: „*Darfst* ewig auf dieser Welt wandeln.“, sondern bedrückt: „Du *mußt* ewig auf dieser Welt wandeln.“ Damit möchte ich ausdrücken: Niemand von uns will ewig auf dieser Welt sein. In tiefstem Herzen sehnen wir uns alle nach dem Ende, so, wie es der heilige Augustinus religiös formuliert hat: „Unruhig ist unser Herz, bis es ruht in Dir, oh Gott.“ Wir sehnen uns nach dieser Ruhe.

Die wunderbare Oper von Leos Janacek, „Die Sache Makropulos“, geht von folgender Geschichte aus: Rudolf II. hatte in Prag einen Alchimisten, denn er war in der Tat ein großer Verehrer der Alchimie, und er beschäftigte sich auch mit der Frage, wie man länger leben könnte. Die Oper nimmt nun an, daß es jemandem am Hof tatsächlich gelungen ist, ein solches Mittel zu entdecken, welches einen Menschen befähigt, mehr als 300 Jahre zu leben und zwar ganz genau 336 Jahre, und noch dazu, unterdessen nicht zu altern. Und der Entdecker mit Namen Makropulos hat dann seine Erfindung an der eigenen Tochter ausprobiert.

Als diese Frau nun 336 Jahre alt geworden ist, besinnt sie sich, daß sie das Rezept des Wundermittels vor vielen Jahrzehnten einem ihrer Geliebten überlassen hatte. Sie unternimmt jetzt ungeheure Anstrengungen, um wieder in seinen Besitz zu gelangen. Denn, da ihr Ende bevorsteht, wird sie von Todesangst überfallen. Als sie es endlich in Händen hält, kommt es zur großen Überraschung: Sie will nicht ewig leben, will nicht immer wieder eintönig dasselbe erleben, will nicht immer wieder dieselben Erfahrungen machen – jeden Morgen aufstehen, jeden Abend sich niederlegen. Sie begreift, daß alles Schöne auf Erden nur dadurch zustande kommt, daß es begrenzt ist. Das Unbegrenzte wird langweilig und uninteressant. Es ist zwar schrecklich, daß zwei Liebende einmal Abschied nehmen müssen voneinander, schrecklich, daß der eine hinter dem Sarge des anderen hergehen muß – wenn ihnen nicht die Göttergnade beschieden wird wie Philemon und Baucis, die beide zugleich sterben durften, weil sie die Götter so großartig bewirtet hatten –, aber nur durch dieses Schreckliche gewinnt das Schöne seine Schönheit. Und so verzichtet sie auf das Wundermittel und mündet, begleitet von der hymnischen Musik Janaccks, beglückt in den Tod.

Meine Damen und Herren, bitte, denken Sie in Ruhe nach: Alle Verdammten dieser Erde müssen ewig leben, der fliegende Holländer, Ahasver usw., müssen rastlos umherirren, bis sie erlöst werden, sterben dürfen. Deshalb behaupte ich: Wir alle sehnen uns nach dem Tode, nicht heute, nicht morgen, aber irgendeinmal. Weil wir wissen, daß wir sterblich sind, fürchten wir das Ende. Wenn man uns sagte, daß wir unsterblich seien, würden wir Tag und Nacht daran arbeiten, um den Tod zu erfinden. Das ist ein Geheimnis der menschlichen Dialektik.

Was nun den Zeitpunkt unseres Todes betrifft, so sollten wir ihn dann empfangen, wenn wir – dieses Wort kommt im Alten Testament im Zusammenhang mit Abraham vor – lebenssatt geworden sind. Abraham sagt: „Ich bin lebenssatt." – nicht lebensüberdrüssig, sondern satt, gesättigt mit Leben. Und aus diesem Leben sollten wir auch die Form unseres Sterbens entwickeln können, in dem Sinn, daß es zu unserem übrigen Leben paßt. Rainer Maria Rilke sagt:

> O Herr, gib jedem seinen eignen Tod,
> das Sterben, das aus jenem Leben geht,
> darin er Liebe hatte, Sinn und Not.

Und weiters:

> Wir selber sind nur die Schale und das Blatt.
> Der große Tod, das ist die Frucht,
> die jeder in sich hat.

Hiemit ist ein wunderbarer Vergleich angeboten: der Tod als Frucht und die Bitte, daß diese Frucht gepflückt werde – erst, wenn sie reif ist. Ich möchte gleich hinzufügen: Diese Reifung kann in jedem Alter eingetreten sein, weshalb man immer, wie jung man auch sei, auf den Tod gefaßt sein sollte. Man könnte dies auch als Todesbewußtsein bezeichnen.

Mit großer Freude möchte ich Ihnen von der Medizinischen Fakultät der Wiener Universität berichten, wo ich seit vielen Jahren das Institut für Medizinische Psychologie leite: Ich halte einmal im Jahr eine Sondervorlesung, deren Thema die Studenten bestimmen können. Fast jedes Jahr lautet der Wunsch: „Sprechen Sie über Sterben und Tod." Damit zeigen diese jungen Menschen eine große Reife, denn gerade der Arzt muß ja das Sterben im Umgang mit so vielen Patienten erfahren. Er soll sich daher diesem Thema – auch was die eigene Person betrifft – ernsthaft widmen, ohne deshalb der Verzweiflung zu verfallen.

Ich möchte zum Todestrieb noch ein paar Bemerkungen machen. Ich differenziere nämlich zwischen jenem Todestrieb, den ich bisher beschrieben habe und den ich als dem Menschen ganz normal innewohnend bezeichne, und einem krankhaften Todestrieb. Der letztere bemüht sich, das Leben abzukürzen, den Tod früher zu erreichen. Es kann sich dabei natürlich um einen bewußten Vorgang handeln, viel öfter aber handelt es sich um einen unbewußten. Wir sollten uns prüfen, ob möglicherweise ein unbewußter Todestrieb dieser Art in uns verborgen arbeitet.

Ich möchte Ihnen an dieser Stelle eine Geschichte von meinem Lehrer, Hans Hoff, den ich sehr geliebt habe, erzählen. Im Jahre 1969, er war 72 Jahre alt, sagte ich zu ihm, bevor ich in den Urlaub fuhr: „Herr Professor, ich melde mich ab. Ich bin jetzt in Salzburg, Sie kennen meine Adresse. Wenn Sie mich brauchen, bin ich immer bereit zurückzukommen." Darauf meinte er: „Ringel, Sie müssen beten, daß ich als Klinikvorstand sterbe." Darauf ich: „Herr Professor, wir haben jetzt Juli und am ersten Oktober müssen Sie als Klinikvorstand abtreten. Sie werden doch nicht allen Ernstes glauben, daß ich beten werde, daß Sie in den nächsten zwei Monaten sterben." Darauf Hoff: „Wenn Sie mich lieb haben, werden Sie das tun." Ich: „Herr Professor, aber warum denn?" – „Ich will nicht länger leben, wenn ich die Macht über diese Klinik, die ich jetzt 20 Jahre geführt habe, verliere! Ich will kein entmachteter Herrscher sein!" Darauf sage ich: „Aber, Herr Professor, Sie werden doch nicht entmachtet sein! Sie haben doch Ihre riesige Erfahrung! Wir werden Sie bitten, jede Woche auf die Klinik zu kommen. Sie haben dann in vielen Fällen die Möglichkeit, uns diese Ihre Erfahrung zu schenken!" Darauf antwortete er: „Ja, glauben Sie denn, daß ich verrückt bin, Ringel! Dort, wo ich geherrscht habe, soll ich geduldet werden! Ich werde nie, wenn ich dort nicht mehr Herr bin, einer Einladung, auf diese Klinik zu kommen, Folge leisten." Daraufhin beschwor ich ihn verzweifelt, daß er so nicht denken dürfe. Dennoch schloß er: „Wenn Sie mich sehr lieb haben – und man sagt Ihnen ja gute Beziehungen zum Himmel nach –, dann beten Sie, daß ich nicht nur in den nächsten zwei Monaten sterbe, sondern auch, daß ich in den Armen meiner Frau (seiner zweiten Frau) sterbe." Das waren die letzten Worte, die ich von meinem Lehrer hörte. Sie können mir glauben, daß ich nicht darum gebetet habe, und dennoch, am 23. August stieg er mit seiner Frau in den Lift, der ihn in den 5. Stock befördern sollte, wo er wohnte, drückte noch den Knopf, machte eine leichte Drehung, fiel in die Arme seiner Frau und war tot.

Dieses Beispiel läßt klar sehen: Viel öfter, als wir ahnen, ist unser Tod inszeniert. Selbstverständlich gibt es auch Todesfälle, die zu der ganzen bisherigen Entwicklung eines Menschen wie die Faust aufs Auge passen. Aber es gibt auch solche, die einem bewußten oder unbewußten Wunsch entsprechen, den wir als „psychogenen Tod", also als von der eigenen Seele herbeigeführten, bezeichnen. Sie sehen, mein Chef, war nicht imstande, auf die Macht zu verzichten. Er wollte lieber sterben, als lebend zusehen zu müssen, wie er die Macht abgibt. Das ist nur ein Beispiel für den krankhaften Todestrieb. Dieser verfügt über viele Methoden, zum Beispiel einen Lebensstil, der den Menschen überfordert, falsches Verhalten gegenüber Krankheiten, einen lebensgefährlichen Fahrstil im Straßenverkehr, die Verwendung von Suchtmitteln u.s.w. Hier arbeitet der Mensch daran, dem Tod früher in die Arme zu fallen, als es sein müßte.

Ich möchte Sie bitten, entziehen Sie sich einmal dem Trubel des Lebens und horchen Sie in aller Stille in sich hinein! Vielleicht können Sie dann den gesunden Todestrieb in sich entdecken. Aber darüber hinaus lade ich Sie ein zu prüfen, ob Sie nicht da und dort, geheim oder vielleicht sogar absichtlich, daran arbeiten, Ihre Lebenszeit zu verkürzen.

Nun, meine Damen und Herren, auch eine verkürzte Zeit – denken Sie an Mozart, denken Sie an Schubert! – kann einen tiefen Sinn des Lebens enthalten. Schubert hat die Unvollendete deswegen unvollendet gelassen, weil er ganz genau wußte, daß er den zwei Sätzen, die etwas Unfaßbares beinhalten, nämlich die wehmütige Erinnerung an eine schöne Kindheit, die er gar nicht erlebt hat, einen dritten, gleichwertigen Satz nicht hinzufügen konnte.

Der prächtige Sturm- und Drangdichter Lenz hat einmal gesagt: „Unsere besten Taten gehen früher zur Bahre als wir selber." Und in Wirklichkeit wäre es wünschenswert, daß hier eine Konkordanz besteht, daß wir wachsen, daß wir reifen, daß dann eben der Tod diese gereifte Frucht mit sich nimmt, ja vielleicht sogar diese gereifte Frucht darstellt.

Folgendes ist mir von ganz großer Wichtigkeit: Kübler-Ross hat das Sterben in fünf Abschnitten beschrieben. Erstens: Widerstand, Nicht-wahrhabenwollen, Verdrängen. Zweitens: Zorn. Drittens: Verhandeln. Viertens: Depression. Und fünftens: Transzendenz, Hinübergleiten in eine andere Welt, in eine andere Form des Seins.

Nun, liebe Freunde, wir wehren uns sehr lange, bis wir endlich erkennen, daß auch wir dem Tode nicht entrinnen können. Sigmund Freud hat zurecht gesagt: „Es ist uns immer der Tod des anderen vorstellbar, aber der eigene Tod nicht." Daß wir alle der Natur einen Tod schulden, das wollen wir nicht glauben, wenn wir an uns selber denken.

Ich möchte Ihnen jetzt von Theodor Storm, der an Magenkrebs gestorben ist, und dem Ende seines Lebens erzählen. Als ihm der Arzt die Diagnose eröffnet und mitgeteilt hatte, daß er nur noch wenige

Monate zu leben habe, schrieb er eines seiner erschütterndsten Gedichte mit der Überschrift: „Beginn des Endes“:

Ein Punkt nur ist es, kaum ein Schmerz,
nur ein Gefühl, empfunden eben;
und dennoch spricht es stets darein,
und dennoch stört es dich zu leben.

Wenn du es anderen klagen willst,
so kannst du 's nicht in Worte fassen.
Du sagst dir selber: „Es ist nichts!“
Und dennoch will es dich nicht lassen.

So seltsam fremd wird dir die Welt,
und leis verläßt dich alles Hoffen,
bis du es endlich, endlich weißt,
daß dich des Todes Pfeil getroffen.

Dann aber verfiel Storm in Lethargie und hörte auf zu arbeiten. Der „Schimmelreiter“, einer seiner besten Novellen, blieb unvollendet liegen. Da waren seine Angehörigen verzweifelt und verfielen auf einen Trick. Sie fanden einen anderen Arzt, der zu Storm sagte: „Sie sind ja einer Fehldiagnose aufgesessen! Es ist nicht wahr, daß Sie Magenkrebs haben!“ Der Arzt wirkte überzeugend und Storm glaubte seiner Lüge. Er begann, wieder zu arbeiten und vollendete den „Schimmelreiter“. Schließlich erkannte er zwar, daß er belogen worden war, aber er akzeptierte es und starb in Frieden und glücklich, dieses wichtige Werk vollendet zu haben.

Meine Damen und Herren, es ist ein sehr schweres Problem, ob man die Verdrängung des Sterbenden fördern soll oder nicht. Grundsätzlich bin ich am Krankenbett immer für die Wahrheit. Aber, erstens, muß die Wahrheit in wirklicher Liebe und nicht mit kalter Sachlichkeit und Grausamkeit verkündet werden und, zweitens, muß man sich, wenn man die

Wahrheit verkündet hat, auch weiterhin um den Patienten kümmern. Man kann nicht sagen: „Sie werden bald sterben. Auf Wiederschauen.“ Um es pointiert auszudrücken: Wer „A“ sagt muß dann auch „B“ und alle weiteren Buchstaben sagen. Es muß sich ein Prozeß der Kommunikation zwischen Arzt und Patient entwickeln, der die Bemühung, dieses Problem gemeinsam zu meistern, zum Gegenstand hat. Das ist eine Aufgabe, die sehr viel Zeit, Kraft und Feingefühl verlangt.

Auch dazu will ich Ihnen eine Geschichte erzählen: An unserer Fakultät hatten wir einen sehr berühmten Professor für Pharmakologie. Dieser Mann entwickelte einen Krebs der Bauchspeicheldrüse, der – wie leider so oft – viel zu spät entdeckt wurde. Der Bauch wurde geöffnet, aber man sah sogleich, daß er von Metastasen übersäht war, sodaß eine Operation unmöglich war. Er kam auf eine Interne Klinik und der dortige Kliniksvorstand bemühte sich nun in stundenlangen Gesprächen, dem Kollegen nahezubringen, er hätte eine sehr schmerzhafte Venentrombose, ein sehr langwieriges Leiden. Nachdem es ihm unter vielen Mühen gelungen war, in diesem Menschen wieder eine Spur Hoffnung zu erwecken, kam ein anderer Kollege und überfiel den Patienten mit den Worten: „Du bist doch ein tiefgläubiger Katholik, du hast doch deinen Glauben! Laß dich doch nicht von den Leuten hier betrügen! Dir wird etwas eingeredet! Ich sage dir, du hast nur mehr wenige Tage zu leben, nütze sie! Dein Glaube wird dir helfen!“ Der Patient aber brach trotz seines Glaubens zusammen und verbrachte fürchterliche Tage. Diese Art der Mitteilung war falsch, man kann nicht leichtfertig sagen: „Ein Katholik stirbt freudig.“ In diesem Sinne stirbt niemand gern – vielleicht von ganz, ganz wenigen Ausnahmen abgesehen. Denn jeder Mensch hat einen Selbsterhaltungstrieb, und gerade in seiner größten Not spürt er ihn ganz besonders.

Mir scheint, hier wurde zweimal ein Fehler gemacht, indem eine – wenn auch zuerst barmherzige – Lüge aufgebaut wurde, dann, indem diese Lüge mit äußerster Brutalität – angeblich aus Nächstenliebe, aus Freundlichkeit und aus Wahrheitsbedürfnis – zerstört wurde. Es ist für mich aber klar, daß der zweite Fehler der weitaus schlimmere war.

Bei dieser Gelegenheit eine andere Geschichte, an der ich selber beteiligt war und die mich sehr bewegt hat: Ich hatte an einer der von mir geleiteten Stationen eine Stationsschwester, die ich wegen ihrer Tüchtigkeit und Menschlichkeit besonders schätzte. Auch bei ihr ergab die Öffnung des Bauchraumes den Status der Inoperabilität des Krebses, und auch sie wurde daher gleich wieder „zugemacht". Als sie nun auf ihrer eigenen Station als Patientin lag und ich erlebte, daß jedermann im Haus bis zum Portier wußte, daß sie in Kürze sterben werde, dachte ich, es sei ungerecht, daß gerade die Betroffene selbst nichts davon wisse und nahm mir vor, sie vorsichtig zu informieren. Ich fragte: „Liebe Schwester, was ist bei der Operation geschehen?" Antwort: „Verwachsungen sind gelöst worden." Ich: „Sie wissen doch, daß bei einer Operation ein Rohr zur Dränage gelegt wird. Hat es ein solches Rohr bei Ihnen gegeben?" Damit war der kritische Punkt des Gesprächs gegeben, denn sie hätte mit „Nein" antworten müssen, und von dort zur Erkenntnis, daß in Wirklichkeit keine Operation stattgefunden hatte, war es nicht mehr weit. In diesem Moment sagte sie: „Ich bin jetzt schon sehr müde, Herr Professor.", beendete damit das Gespräch, drehte mir den Rücken zu und schlief ein. Ich aber verstand tief beschämt: Sie wollte die Wahrheit nicht „wissen". Sie wollte nichts anderes als ihre Ruhe, und mir blieb nur übrig, das zu respektieren und zu bereuen, daß ich das Gespräch überhaupt, wenn auch in guter Absicht, begonnen hatte.

Ich möchte noch bei der Krebserkrankung bleiben und zuerst anmerken, daß sich die Hoffnung bei ihr jetzt auf ein immer weiteres Feld erstreckt. Die Fälle, wo man sagen muß: „Da ist keine Hoffnung mehr!“, werden seltener. Selbst wenn Metastasen vorhanden sind, können sie noch erfolgreich niedergekämpft werden! Ich habe es gesehen und erlebt. Es ist nicht wahr, daß die Metastase das Todesurteil ist! Aber, ich glaube, daß man in allen Stadien, wo noch Hoffnung besteht, versuchen muß, den Menschen die Wahrheit zu sagen, nicht nur aus dem menschlichen Recht auf Wahrheit, sondern auch aus einem medizinischen Grund. Wenn es uns nämlich gelingt, die Widerstandskräfte des Patienten zu mobilisieren, dann hat die Krebserkrankung, ich möchte sagen, die neue Dimension einer verbesserten Prognose. Es geht ja beim Krebs um unser Immunsystem! Wenn wir unser Immunsystem aktivieren, stärken können, dann besteht eine wesentlich größere Chance der erfolgreichen Bekämpfung der Erkrankung. Dazu ist Wahrheit nötig, dazu ist gemeinsame Arbeit nötig. Die psychische Begleitung eines Krebskranken ist heute eine verpflichtende Forderung. Ich weiß, daß sie in Österreich praktisch noch kaum wahrgenommen wird. – Ein Grund mehr, sich dringenst um sie zu bemühen.

Wir müssen erkennen, müssen lernen, daß an und für sich kaum eine Krankheit tödlich verlaufen muß, sondern, daß die Tödlichkeit einer Krankheit ganz wesentlich durch die Reaktionsform des Menschen auf die Krankheit bedingt wird.

Allerdings: Wo wirklich keinerlei Hoffnung mehr besteht, bin ich nicht ganz sicher – das muß ich gestehen–, was man tun soll. Natürlich spricht vieles dafür, die Wahrheit zu sagen, um dem Menschen die Chance zu geben, sich vorzubereiten, wichtige Entscheidungen zu treffen. Man wird sich wohl von Situation zu Situation individuell entscheiden müssen. Über eines dürfte es aber keine Diskussion geben, daß man nämlich einen Sterbenden durch die fünf Stadien, die Kübler-Ross beschrieben hat, begleiten sollte. Aber wie sieht es damit in der Realität aus?

Nun, ich habe viele Leute gesprochen, die mir glaubwürdig sagten: „Ich fürchte mich gar nicht vor dem Tod, ich fürchte mich nur vor dem Sterben. Das Sterben ist das Schreckliche, weil es oft so qualvoll verläuft." Schon Seneca meinte: Warum soll ich vor dem Tod Angst haben? Solange ich lebe, bin ich lebendig, und wenn ich tot bin, weiß ich nichts mehr von mir. Daher ist es überflüssig, sich vor dem Tod zu fürchten. – Aber beim Sterben ist es ganz anders, denn da spürt man vieles, was mit einem „geschieht".

In diesem Zusammenhang muß ich eine Anklage gegen den ärztlichen Stand erheben, den ich hier vor Ihnen vertrete. Wir haben bisher zuwenig unternommen, um ein menschliches Sterben zu gewährleisten. Früher sind 80 % der Menschen zu Hause, von ihrer oft großen Familie behütet, gestorben. Sie haben mitunter sogar das Sterben zelebriert und zwar im guten Sinne: Sie haben ihre letzten Anordnungen getroffen, haben noch einmal ihren Kindern den Sinn ihres Lebens zu vermitteln versucht. Und sie haben ihre letzten Worte gesprochen. (Über „letzte Worte" ist viel gerätselt worden. Sind sie voll Theatralik? Drücken sie Galgenhumor aus? Stellen sie die Quintessenz eines Lebens dar? Nun, für mich ist es sicher, daß die letzten Worte sehr häufig eine Botschaft des in eine andere Welt Hinüberwechselnden enthalten, die schon fast aus dem Jenseits kommt, von den Zurückbleibenden aber dennoch, wenn sie sich Mühe geben, verstanden werden kann.)

Meine Damen und Herren, das war einmal! Jetzt sterben 80 % der Menschen im Spital. Das ist eine ganz neue Situation. Und wie sterben sie dort? Sie sterben schlecht und schwer! Ich habe einmal bei einer

Tagung der Van-Swieten-Gesellschaft, auf der jährlichen Hauptversammlung aller Ärzte in Wien, zum großen Mißfallen meiner Kollegen gesagt: „Ich möchte nicht so sterben, wie wir unsere Patienten sterben lassen." Wir lassen sie nämlich in Einsamkeit sterben. Und Trennungsangst ist eine der schlimmsten Ängste, die es gibt – wie dann erst die letzte Trennungsangst, dieses: „Jetzt muß ich alle und alles verlassen!" Die Franzosen sagen: „Jeder Abschied ist ein kleiner Tod!" Ja, jeder Abschied gemahnt uns an den letzten Abschied. Der letzte Abschied bedeutet: Ich muß alle hinter mir lassen und gehe in ein unbekanntes Land, allein. Aus der Schrecklichkeit dieser Ängste ergibt sich die wichtige Verpflichtung, daß wir den Patienten nicht einsam sterben lassen.

Was aber geschieht in den Spitälern? Die Sterbenden werden in eigene Zimmer ausgesondert. Oft werden sie auf den Gang geschoben, oft im Badezimmer „abgestellt". Es gibt einen bösen Witz in Österreich: Drei Menschen liegen in einem Zimmer. Zwei röcheln und sind schon bewußtlos. Da sagt der dritte: „Die gehören doch in ein Sterbezimmer.", worauf der Arzt antwortet: „Ja, wo glauben Sie denn, daß Sie hier sind?" In diesem brutalen Witz steckt leider ein Körnchen Wahrheit. Sehen Sie, es zieht sich durch die gesamte Gesellschaft – auch heute noch: die Aussonderung des „Minderwertigen", des Schwachen, des Außenseiters, des Sonderlings, des Behinderten, des Kriminellen, des Süchtigen, des Kranken und dann, ganz besonders, die Aussonderung des Sterbenden! Aus den angeführten Gründen bin ich auch gegen „Sterbekliniken", die außerdem oft nur reichen Menschen zur Verfügung stehen. – Die Aussonderung, von der ich hier spreche, geschieht mit der Einstellung: „Der ist kein Fall mehr für uns!" Ich aber sage – und bin dabei natürlich nicht der einzige: gerade *der* ist ein Fall für den Arzt!

In der Wirklichkeit ist es leider oft nicht so! Der Arzt hat gegenüber dem Sterbenden drei Attitüden: Entweder macht die Visite einen Bogen um das Bett des Sterbenden (Mir hat einmal ein Patient wörtlich gesagt: „Ich bin verloren, denn die Visite kommt gar nicht mehr zu mir!“), oder – das ist die zweite Möglichkeit – man schickt einen Seelsorger, der dann in die schreckliche Situation kommt, daß er der Todesbote ist. Oder man hängt den Patienten an Apparate an, die ihn künstlich beatmen und den Kreislauf in Gang halten, aber in Wirklichkeit nur eine Scheinverlängerung des Lebens darstellen. Ich bin sehr für diese Apparate, wenn sie einen Sinn haben, aber nicht, wenn sie Leben vortäuschen, wo in Wirklichkeit schon Tod ist, wie zum Beispiel bei Marschall Tito oder bei Franco und vielen anderen „Prominenten“. Auf diese Weise gibt es ja vielleicht noch eine gewisse Gerechtigkeit: Die „großen“ Leute werden eigentlich ebenso kläglich und jämmerlich behandelt wie die meisten anderen, obwohl die Ärzte sich dabei einbilden, alles zu tun und sogar mehr als alles.

Warum tun die Ärzte das? Warum gehen sie so mit den Sterbenden um und geben doch zu, daß sie selber nicht so behandelt werden wollen, wenn sie einmal sterben müssen? Da gibt es mehrere Gründe, zwei scheinen mir besonders wichtig.

Erstens: Der Sterbende wird von vielen Ärzten als eine Bloßstellung seiner Kunst erlebt. Denn die Studenten wurden jahrzehntelang zu einem Gefühl der Omnipotenz erzogen: Der Arzt kann alles! Wir sehen oft auf einem bekannten Bild: da steht der Tod, dort steht das Mädchen. Der Tod greift nach dem Mädchen. Der Chirurg kommt und stößt den Tod weg. Er stößt ihn weg, aber er kann den Tod nur hinausschieben, das Leben verlängern. Kein Arzt hat bisher den Tod abgeschafft, das wird wohl auch in aller Zukunft nicht möglich sein. Aber eines ist klar: Wir werden ungern daran gemahnt, daß wir eben nicht allmächtig sind. Und wir gestehen uns daher nur ungern ein, daß wir in einem konkreten Fall den Tod nicht verhindern konnten und ebenso ungern gestehen wir uns ein: „Wir haben dazu beigetragen, daß der und der früher gestorben ist, als er hätte sterben müssen."

Zweitens, der Arzt glaubt: „Bei einem Sterbenden, da kann ich nichts mehr machen! Ich kann ihn ja doch nicht am Leben erhalten." Das ist ein verhängnisvoller Trugschluß, der an einer wichtigen Pflicht vorbeigeht. Der Arzt kann zwar einem Sterbenden nicht das Leben zurückgeben, aber er kann und soll sehr viel für ihn und mit ihm tun: Er kann ihm das Sterben erleichtern, und er kann ihn trösten.

Kaiser Joseph II., vielleicht der einzig wirklich geniale Habsburger, gründete im Jahre 1778 das Allgemeine Krankenhaus, und das hat immerhin mehr als 200 Jahre überdauert. Es ist heute vor allem sanitär überholt, das steht außer Streit. Aber ich möchte wetten, daß das neue Allgemeine Krankenhaus nicht 200 Jahre überleben wird. Kaiser Joseph II. hat auf diesem Bau eine Inschrift, die er selbst verfaßt hatte, anbringen lassen: „Der Heilung und der Tröstung der Kranken." Damit wurde in meisterhafter Form von jemandem, der kein Arzt war, gesagt, daß es die Aufgabe des Arztes ist, den Kranken und natürlich auch den Sterbenden zu trösten.

Die erste Form der Tröstung besteht darin, daß man die Schmerzen lindert. Es ist eine sehr wichtige Aufgabe, daß sich der Mensch nicht vor Schmerz verzehre. Jean Amery hat in seinem Buch, „Hand an sich legen", geschrieben, er sei dafür, daß man sich zur rechten Zeit selber den Tod gebe, damit man nicht die fürchterlichen Qualen des „üblichen" Sterbens mitmachen müsse. Damit liegt das ganze Problem offen vor Ihnen. Aber ich bin zutiefst überzeugt: Wenn die Ärzte eine neue Einstellung zum Sterben gewännen, würde das Sterben vieles von seinem Schrecken verlieren. – Ich sage: vieles! Ich sage nicht: alles!

Ich habe vor einigen Jahren einen sehr prominenten Mann sterben gesehen. Er starb an einem Darmkrebs mit Metastasen, die ihm schreckliche Schmerzen bereitet haben. Er wurde von einem Konsortium der prominentesten Ärzte behandelt. Da kam einer aus Amerika, sah diesen Mann leiden und sagte zu diesem Gremium: „Kinder, seht ihr denn nicht: Der Mann leidet doch entsetzlich! Warum gebt ihr ihm denn nicht Morphium?“ Darauf sagte einer seiner Kollegen: „Weil wir ihn nicht zum Süchtigen machen wollen.“ Es klingt unglaublich, aber es hat sich wahrhaftig so ereignet! Das ist fürwahr zum verzweifelten Weinen! So ist es sieben Tage vor dem Tode dieses Mannes geschehen! Und so geschieht es noch immer und also gilt es, viele, viele Vorurteile auszuräumen.

Von derselben Wichtigkeit beim Trösten wie das Lindern der Schmerzen ist das Gespräch. Forscher haben nachgewiesen, daß 70 Prozent aller Sterbenden bis 24 Stunden vor dem Tod voll ansprechbar sind, manche auch länger. Das beweist, daß man mit den Sterbenden reden kann. Deshalb muß man bei ihnen sein, für sie da sein, mit ihnen reden und ihnen helfen, diesen letzten schweren Weg zu gehen.

Ich möchte Ihnen zwei Geschichten erzählen, die diese Problematik beleuchten. Die eine Geschichte handelt wieder von Professor Hoff. Seine erste Frau war an Krebs erkrankt. Sie befand sich auf einer Klinik in Obhut seines besten Freundes und lag im Sterben. Mein Chef hatte gesagt: „Wenn es so weit ist, daß meine Frau stirbt, müßt ihr mich holen, denn ich kann es nicht ertragen, nicht dabei zu sein!“ Er hielt in jeder Woche drei Vorlesungen und sagte zu mir: „Lieber Ringel, Sie müssen bei jeder Vorlesung anwesend sein. Wenn der Bote kommt, muß ich rasch hinüber, und dann sollen Sie statt mir die Vorlesung halten!“

So saß ich also viele Vorlesungen neben meinem Chef, immer bereit, die Vorlesung fortzusetzen. Und oft beobachtete ich, wie ihm, während er sprach, die Tränen heruntergeronnen sind.

Eines Tages, die Vorlesung war gerade aus, kommt der Bote und sagt: „Herr Professor, es ist so weit. Kommen Sie rasch!" Als er bei seiner Frau eintraf, war sie tot! Was will ich damit zeigen? Der Arzt, unter dessen Obhut die Frau stand, war der engste Freund von Hoff und es hat nichts geholfen! Es ist allgemein so: Das Personal will nicht, daß Angehörige beim Sterbenden anwesend sind. Warum das so ist, bleibt eine Frage für sich (angeblich, um den Angehörigen den „schrecklichen Anblick" zu ersparen). Jedenfalls sorgt es möglichst dafür, daß die Angehörigen nicht dabei sind, daß sie zu spät kommen. Selbst die Tatsachen, daß Hoff einer der prominentesten Vertreter der Fakultät war und der behandelnde Arzt sein bester Freund, konnten nicht dazu führen, daß er beim Sterben seiner Frau dabei sein durfte.

Die zweite Geschichte: Meine Mutter sagte zu mir: „Erwin, alles darf passieren, nur eines nicht: daß ich nicht zu Hause sterbe!" Meine Mutter hatte eine Dame engagiert, die sie tagsüber betreute. Abends aber ging sie weg, denn meine Mutter hätte es nicht ausgehalten, wäre sie über Nacht geblieben. Sie wollte ihre Freiheit, wie immer Sie das verstehen mögen, bewahren. Sie wollte auch niemals – auch nur im Entferntesten – daran denken, in ein Heim gehen zu müssen. Nun hatte sie am Schluß mit 87 Jahren Darmkrebs, und es kam zu einer schrecklichen Blutung. Diese Blutung wurde mit letzter Kraft gestoppt, und dann sagte mir die Dame, die meine Mutter betreute: „Mein lieber Professor Ringel, ich habe geschworen, ich bleibe bei ihr bis zum Schluß, bis zum allerletzten Moment! Aber so eine Blutung kann ich nicht mehr durchmachen, das halte ich nicht mehr aus!"

Ich holte einen Professor, der im selben Hause wohnte. Er untersuchte sie und sagte: „Ja also, es ist nicht meine Mutter. Aber wenn das meine Mutter wäre, dann würde ich sie ins Spital bringen. Denn die zweite Blutung kommt sicher. Und Sie können doch nicht zuschauen, wie sie hier verblutet. Sie sind das ihrer Mutter schuldig wie auch ihrer eigenen Person." Daraufhin mußte ich mich einer der schwierigsten Aufgaben meines Lebens unterziehen: meiner Mutter zuzureden, ins Spital zu gehen. Sie hat mir zugestanden, daß ich es gut meine, hat sich gefügt und ins Spital bringen lassen. Dort sollte ein kleiner Eingriff vorgenommen werden, um weitere Blutungen zu verhindern. Vor diesem Eingriff fragte sie den Professor: „Wie wird es denn sein, wenn ich aus der Operation aufwache?" Seine Antwort: „Ja, das kann ich Ihnen nicht sagen, aber ich hoffe, es wird besser sein." Darauf sagte meine Mutter: „Nun ja, man muß ja aus der Operation nicht aufwachen." Sprach es und wachte aus der Operation, die ganz kurz dauerte und gut verlief, nicht mehr auf.

Sie sehen auch hier wieder, daß man sich noch so sehr vornehmen kann, nicht im Spital zu sterben, aber der Apparat und die Verbesserung der medizinischen Kunst und durchaus verständliche Gewissenhaftigkeit – ich will keinen Moment den guten Willen in Abrede stellen! – verhindern es, und dann stirbt der Mensch dennoch im Spital.

Jetzt, meine Damen und Herren, will ich ihnen von meinem eigenen, wenn Sie es so nennen wollen, Todeserlebnis erzählen. 1945, unmittelbar nach Kriegsende, habe ich mich als Student beim Obduzieren einer Diphterieleiche infiziert, habe Diphterie bekommen. Die Diphterie wurde von meinem Arzt nicht sofort erkannt. Es bildeten sich deshalb die Membranen fast bis zum Ersticken aus. Anschließend bekam ich eine Lähmung sämtlicher Gliedmaßen, der Arme und der Beine und des Zwerchfells. Ich konnte daher kaum mehr atmen, nicht richtig schlucken, die Speisen gingen statt in die Speiseröhre in die Luftröhre. Ich bekam eine Aspirationspneumonie. – Kurz und gut, die Ärzte haben mich aufgegeben. Meine Mutter weigerte sich trotzdem in einer merkwürdigen Weise beharrlich, mich in ein Spital zu geben. Schließlich kam es so weit, daß man mich sogar an den Beinen packte, mich hochhob, sodaß der Kopf nach unten hing, aus meiner Lunge rann dann die Flüssigkeit heraus, und ich lag drei Tage in Agonie. Von dieser Agonie möchte ich Ihnen berichten, weil ich glaube, daß es ein Bericht ist, der von vielen anderen Menschen, die dem Tod vielleicht noch näher als ich gewesen sind, ähnlich abgegeben wird:

Die erste Phase war entsetzlich, da war ich von Trennungsangst gepeinigt! Es war das wirklich ein grauenhafter Zustand, vielleicht – ich war damals 24 Jahre „alt" – beim jungen Menschen noch schlimmer als beim alten, der schon etwas lebenssatter ist. Ich hatte ja kaum anderes erlebt als diese abscheulichen Kriegsjahre. Ich hatte dafür gebetet, daß Hitler den Krieg verlieren möchte. Nun hatte ihn Hitler verloren, und ich dachte, jetzt würde für mich erst das Leben beginnen, denn unter Hitler war Leben nicht möglich. Und jetzt also sollte ich kein Leben mehr haben! Diese Trennungsangst war schrecklich, und da war es ein großer Segen, daß meine Mutter bei mir sein konnte. Wenn ich im Spital gewesen wäre, wäre diese Begleitung durch meine Mutter undenkbar gewesen. Heute ist das manchmal anders, aber eben leider nur machmal. (Erst unlängst wandten sich Leute in ihrer Not an mich. Ein Vater liegt im Sterben, und die Angehörigen möchten dabei sein. Ich habe den verantwortlichen Professor angerufen, und der hat gesagt: „Wir haben ein kleines Untersuchungskammerl. Wir werden den Patienten in diesen Raum legen, und die Angehörigen können dann Tag und Nacht bei ihm sein." So geschah es auch, und er starb inmitten seiner Liebsten. Aber, meine Damen und Herren, ich kann nicht für jeden anrufen, und ich empfinde es auch als ein Unrecht, daß man durch Anrufe irgendetwas erreichen kann, was eigentlich jedem Menschen gebührt.)

Nun darf ich Ihnen auch von der zweiten Phase erzählen. Dieses Angstgefühl verwandelt sich. Mein Freund Georg Kreisler hat ein wunderbares Lied über den Tod geschrieben, das er leider nicht vertont hat. Sein Titel lautet: „Man hat den Tod nicht abgeschafft bis heute", und die letzten Zeilen gehen so:

> Du mündest ein in einen großen See,
> und das Staunen beginnt,
> drum wenn der Arzt von meinem Tode spricht,
> Liebling, weine nicht.

Genau so ist es! Georg Kreisler hat das nicht erlebt und dennoch wunderbar richtig beschrieben. Plötzlich läßt man sich los, man wird befreit von seinem Ich, an das man sich so geklammert hat. Die Trennungsangst ist ja nicht nur die Angst vor der Trennung von den anderen, sondern mindestens ebenso vor der Trennung von sich selber! Man kann dieses Ich noch nicht loslassen, aber dann kommt ein Moment, wo man es losläßt. Und da beginnt nicht nur das Staunen, sondern da beginnt auch ein unglaublich beglückendes Gefühl. Es ist so, als würde man mit einem breiten Fluß in das Meer münden, als würde man sich auflösen und in einen neuen Zustand übergehen. Dieser neue Zustand war das Ende meiner Reise und gleichzeitig Neubeginn, eigentlich eine Zwischenstation, denn ich bin ja wieder unter die Lebenden getreten. Die Ärzte sagten zu meiner Mutter: „Gnädige Frau, es handelt sich um ein geschenktes Leben! Denken Sie daran, was immer daraus wird, es ist ein Geschenk!"

In diesem Zusammenhang will ich noch von einer Begebenheit berichten: Ich setzte viele Jahre später eine Handlung, von der ich lange nicht wußte, was sie eigentlich bedeutete und die von meinem Unbewußten geleitet war. Ich verbrachte einige Tage am Genfer See und einmal bestieg ich einen hohen Berg. Plötzlich sah ich von dort die Stelle, wo die Rhone in den Genfer See mündet! Da überkam mich eine unbegreifliche Sehnsucht! Ich rannte den Berg hinunter, setzte mich ins Auto, fuhr an das Ufer der Rhone und warf mich in die Fluten, die 14, 15 Grad hatten, so kalt, daß einem sozusagen das Mark in den Knochen erstarrte. Ich wurde von der Strömung erfaßt und mündete mit dem Fluß in den See. An dieser Stelle wurde ich von einem riesigen Strudel (Es war genau das, was ich von oben gesehen hatte.) erfaßt und hinuntergezogen. Ich ließ es geschehen, wehrte mich nicht und wurde endlich durch denselben Strudel wieder an die Oberfläche des Sees geschleudert.

Während vieler Jahre habe ich diese Episode doch einigen Leuten erzählt, ohne irgendwie zu wissen, was sie eigentlich für mich bedeutet. Bis ich endlich erkannt habe, daß ich diesen Prozeß, den ich im Jahre 1945 in der Agonie erlitten und erlebt hatte, irgendwie nachvollziehen, wiederholen mußte! So sehr mich dieses Erlebnis für mein eigenes Leben geprägt hat, so sehr hat es mich auch im Verständnis jedes Sterbenden geprägt und in dem großen Wunsch, dem Sterbenden beizustehen, bestärkt. Auf diesem Hintergrund ist es mir so sehr wichtig, eine neue Form des Sterbens zu initiieren.

Zum Ende dieses Vortrages will ich noch zu der Frage Stellung nehmen: Was ist nach dem Tode? Die einen glauben, es ist alles zu Ende, die anderen, daß alles dann erst beginnt.

Gestatten Sie mir jetzt, daß ich ganz persönlich spreche. Ich bin wohl der Meinung, daß diese Vorstellungen, wie sie den Kindern bei uns in der Schule und im Elternhaus so naiv beigebracht werden, Hölle und Himmel, die einen sind ewigen Qualen ausgesetzt, die anderen lustwandeln für immer, nicht richtig sind. Wenn wir diesen naiven Glauben, dem auch viele Erwachsene anhängen, nun hinter uns lassen, bleibt doch: Der Mensch hat Leib und Seele. Der Leib vergeht, das ist evident. Für mich ist ebenso evident, daß das Wunder der Entstehung eines Menschen nicht dadurch erklärbar ist, daß man im Prinzip nur sagt: „Wenn eine Samenzelle eine Eizelle befruchtet, dann entsteht ein Mensch." Ja, das stimmt schon, aber da kommt noch etwas dazu. Woher kommt dieses entscheidende Etwas? Für mich ist klar: Das kann nur von dort kommen, wohin wir zurückkehren. Das ist für mich der stärkste Gottes„beweis" und sicher etwas, das uns ein anderes Sterbe- und Todeserlebnis ermöglichen kann.

In diesen Vorstellungen, die mich seit vielen Jahren beschäftigen und begleiten, fühlte ich mich sehr bestätigt, als Friedrich Dürrenmatt, der große Dichter, übrigens wenige Tage vor seinem eigenen Ableben, auf die Frage: „Was bedeutet Ihnen der Tod? Ist er das Nichts?" folgende Antwort gab: „Vielleicht, aber ich kann mir ebensogut auch vorstellen, daß man immer ist. Schopenhauer umschrieb diesen Gedanken sinngemäß so, daß das Bewußtsein der Menschheit wie ein Meer sei, zu dem das individuelle Bewußtsein eine Welle darstelle. Das umfassende Bewußtsein wird bestehen, solange es die Menschen gibt, und ich kann mir denken, daß man nach dem Tod zu einer anderen, neuen Welle wird in diesem Bewußtseinsmeer. Natürlich ist das Bewußtsein an den Leib gebunden, aber es entstehen ja immer neue Körper, die das Bewußtsein als Wellen weitertragen. Ich meine damit aber keinesfalls eine Seelenwanderung der Individuen. Ich sehe das ganz unmetaphysisch."

Ich möchte keineswegs behaupten, daß das, was ich in diesem Zusammenhang sage, für jedermann wichtig sein soll: Ich persönlich bin ein durch und durch gläubiger Katholik, aber ich würde es ablehnen zu sagen: „Du mußt Christ werden, damit du mit dem Problem des Sterbens und des Todes besser fertig wirst.“ In meinen Augen wäre das auf der einen Seite ein Mißbrauch der Religion und auf der anderen Seite eine Herabsetzung der sogenannten Ungläubigen. Ich glaube, daß jeder Mensch seinen Tod „überleben“ kann und führe als Zeugen dafür den großen Dichter Franz Theodor Czokor an:

WIE DU DIR LEID TUST –

Weil dieser Erdkloß nicht ewig dich trägt,
tust du dir leid.
Weil nicht dein Herz ins Unendliche schlägt,
forderst du Ewigkeit
für deine Zeit.

Wollust, die dich um dein Wesen betrügt,
Sehnsucht, ins Leere verzecht,
was in dir lottert, was in dir lügt,
irr zwischen Geist und Geschlecht,
das gibt dir recht.

Tritt doch vor dich hin und schaue dich an
nach einem Wert,
der mit dir nicht auch aufhören kann.
Wo du begehrt,
wirst du verzehrt.

Wie du dir leid tust, statt offen zu sein,
jeglichem Licht und Gericht.
Aber du läßt ja nur dich in dich ein.
Geh denn zunicht
ohne Gesicht!

Das heißt also, wir sollen um Werte bemüht sein,

die über uns hinaus dauern. Und ich denke jetzt nicht nur an die großen Dichter, zum Beispiel an Goethe, der gesagt hat: „Es kann die Spur von meinen Erdentagen nicht in Äonen untergehen." Ich denke nicht an die Bildhauer, an die Musiker, nein! Dies gilt, meiner Meinung nach, auch für jeden durchschnittlichen, bescheidenen Menschen, für den Mann der Straße, wenn er sich bemüht, eine goldene Spur, wie ich das nenne, zurückzulassen.

Bertold Brecht hat gesagt: „Gedenkt unser mit Nachsicht!" Ich meine, man sollte der Toten nicht nur mit Nachsicht gedenken, sondern auch in Dankbarkeit dafür, was sie uns vermittelt haben, daß sie uns einen Weg gewiesen, einen Wert entdeckt haben, der über sie hinaus dauert, der für unser Leben wichtig ist und der uns daher weiterbegleitet und uns ständig an sie erinnert.

Es gibt im „Kirbisch" von Anton Wildgans eine wunderbare Stelle vom Glasermeister Crinis, der, nachdem er alle drei Söhne im Ersten Weltkrieg verloren hat, sagt: „Jetzt mach' ich 's nicht mehr mit, das halt' ich nicht mehr aus, ich will sterben." Da setzt sich der Pfarrer zu ihm und predigt ungefähr so: „Crinis, du Glaser, du hast ja nicht nur Gläser gemacht, du hast ja auch Menschen gemacht, und diese Menschen leben in dir, auch wenn sie gestorben sind. Ihr Bild lebt in dir, und wenn du jetzt dich wegräumst, dann räumst du doch auch das Bild weg von denen, die du so geliebt hast und die in dir noch weiterleben." Da fängt der Glaser Crinis zu weinen an und läßt seinen geplanten Selbstmord sein. Und, meine Damen und Herren, das, glaube ich, ist etwas Wichtiges, daß wir uns stets dieses Zusammenhangs bewußt sind. Wir sind keine Götter, aber wir haben die Chance, Gotteskinder zu werden, wenn wir Dinge tun, die anderen ermöglichen, unser in Liebe und in Dankbarkeit zu gedenken.

Ich komme am Schluß zum Anfang des Vortrages zurück, zum „Heer der Toten“. Conrad Ferdinand Meyer sagt:

> Und all unser Lieben und Hassen und Hadern,
> das klopft noch dort oben in sterblichen Adern,
> und was wir an gültigen Sätzen gefunden,
> dran bleibt aller irdische Wandel gebunden.

Trauer um die Verstorbenen? Das soll nicht Selbstmitleid sein, Wendung der Erbitterung gegen die eigene Person, Sühne für unverarbeitete Schuldgefühle gegenüber den Toten, sondern sie soll sich in Freude verwandeln, daß wir alles, was wir den Toten verdanken, weiterhin durch unser Leben und zu anderen hintragen dürfen.

Literatur

Das Zitat von Theodor Kramer stammt aus: Theodor Kramer, Gesammelte Gedichte, Band 1, © 1984, Europa Verlag Ges. m.b.H., Wien.

Die Zitate von Peter Turrini stammen aus: Peter Turrini, Lesebuch zwei, © 1983, Europa Verlag Ges.m.b.H., Wien.

Das Zitat von Erich Fried stammt aus: Das Unmaß aller Dinge, © Verlag Klaus Wagenbach, Berlin.

Das Gedicht von Anton Wildgans © Gottfried Wildgans.

Das Zitat von Jaques Prévert stammt aus: Jaques Prévert, Gedichte und Chansons, © 1962, Rowohlt Verlag, Hamburg.

Das Zitat von Johannes Cremerius stammt aus: Hans Jürgen Schultz, Es ist ein Weinen in der Welt, © 1990, Quell Verlag, Stuttgart.

Die Zitate von Hermann Hesse © Suhrkamp Verlag, Frankfurt am Main. Das Zitat über Krieg und Frieden, © Börsenblatt für den Deutschen Buchhandel, Frankfurt am Main.

Das Zitat von Friedrich Torberg © Langen Müller Verlag in der F. A. Herbig Verlagsbuchhandlung Ges.m.b.H., München.

Die Zitate von Knut Hamsun aus Pan und aus Hamsuns Schriften über Lars Oftedal © Müller Verlag in der F. A. Herbig Verlagsbuchhandlung Ges.m.b.H., alle anderen Zitate von Hamsuns © Paul List Verlag, München.

Die Zitate von Thorkild Hansen stammen aus: Thorkild Hansen, Der Hamsun Prozeß, © 1979. Alle deutschsprachigen Rechte bei Albrecht Knaus Verlag Ges.m.b.H., München.

Das Zitat von Erich Kästner stammt aus: Erich Kästner, Gesammelte Schriften für Erwachsene, © 1969. Atrium Verlag, Zürich.

Das Zitat von Franz Theodor Csokor aus: F. T. Csokor, Immer ist Anfang, © Österreichische Verlagsanstalt, Wien.

LEOPOLD UNGAR

Die Weltanschauung Gottes

In Prälat Leopold Ungars erstem Buch finden sich die Kapitel

Fragen eines Ungläubigen
Im Hause meines Vaters
Die Weltanschauung Gottes
Caritaskollekte in der Urkirche
Warum in dieser Kirche bleiben?
Faß ohne Boden?
Rede und Antwort
Für den Frieden leben, für den Frieden sterben
Weinet über euch und eure Kinder
Verirrungen
Antisemitismus
Barrikaden und Katakomben
Alt in Österreich
Tinte, Technik, Tod
Aufruf zum Widerspruch

Franz Richard Reiter hat mit Leopold Ungar Interviews geführt, daraus, aus Tonbandabschriften von Vorträgen und verstreut erschienenen Artikeln eine Auswahl getroffen.
Das Resultat: Reaktionen auf das Mysterium der Sünde und auf das Mysterium der Dummheit, die das Weltgeschehen zu beherrschen scheinen.

20,5 x 13,2, br., 208 S.; öS 248,00; DM 37,00; sfr 32,00
ISBN 3-900766-00-2

Dokumente · Berichte · Analysen
Herausgegeben von Franz Richard Reiter
EPHELANT